Norbert Pautner

KRITZELN, KNETEN, KLECKSEN

Meine bunte Tierwelt zum Selbermachen

Dieses Buch gehört:

....

Inhaltsverzeichnis

Der Löwe ist los!

Ein Löwe mit wilder Mähne, ein Miezekätzchen mit rotem Wollknäuel, ein stolzer Pfau im prächtigen Federkleid – stell dir einen lustigen Zoo aus deinen Lieblingstieren zusammen! Besonders viel Spaß macht das mit diesem Bastelbuch. Denn hier findest du viele Ideen, um deine Tierwelt zum Leben zu erwecken. Auf drei verschiedene Arten: mit Fingerfarben, Buntstiften und Knete. Viel Freude dabei!

KRITZELN

KNETEN

KLECKSEN

Was du alles brauchst

Es ist gar nicht viel nötig, um deine bunten Tiere zu erschaffen.

Ein bisschen Fantasie und ...

... zum Klecksen:

deine Finger; alte Zeitungen, um deinen Arbeitsplatz abzudecken; Lappen, um die Hände abzuwischen, bevor du die Farbe wechselst; Fingerfarben und Papier. Wir haben hier die Farben Rot, Gelb, Blau, Grün, Schwarz und Weiß genutzt.

... zum Kritzeln:

Papier, Buntstifte oder Wachsmalkreiden und einen schwarzen Stift. Für die Bilder im Buch haben wir die Farben Rot, Gelb, Blau, Orange, Violett, Grün, Braun und Schwarz verwendet.

... zum Kneten:

Knete in den Grundfarben Rot, Gelb, Blau, Schwarz und Weiß. Nützlich sind außerdem ein paar Werkzeuge wie ein stumpfes Plastikmesser zum Schneiden der Kneterollen; Zahnstocher, um die Teile miteinander zu verbinden; eine Pinzette zum Anpacken kleiner Teile; ein kleines Nudelholz oder einen stabilen Plastikbecher zum Ausrollen; Plastik- oder Holz-Spatel, um die Formen zu modellieren. Die gehören manchmal schon zur Knete mit dazu.

Klecksen
mit Fingerfarbe

Malen mit Fingerfarben ist ganz
einfach, und man braucht nicht
viel: Farben und Finger – und der
Klecksspaß beginnt. Denn: Vorsichtig
Tupfen für Tupfen setzen – das
ist irgendwie nichts für kleine
Kinderhände. Deshalb darf hier ruhig
gekleckst werden! Das Schwierigste
an der ganzen Fingerfarben-Kunst
ist die Antwort auf die Frage:
„Welche Tiere kann ich mit meinen
Händen zaubern?" Hier findest du
20 Anregungen. Und schon kann's
losgehen!

Punkte, Striche, Flächen

So leicht geht das Malen mit Fingerfarben: Finger in die Farbe und – klecks! – rauf damit aufs Papier. Damit es von Anfang an gut klappt, sind hier ein paar einfache Tipps:

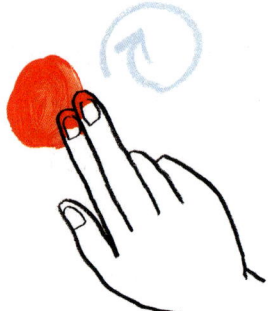

Kleine Kreise sind einfache Tupfen mit der Fingerspitze.

Größere Kreise machst du mit einem oder mehreren Fingern und einer kreisenden Bewegung.

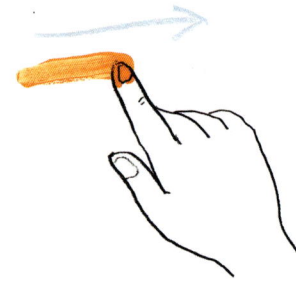

Kurze Striche ziehst du ganz einfach mit einem Finger.

Größere Flächen malst du am besten mit zwei oder drei Fingern.

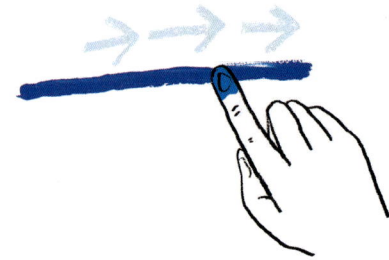

Längere Striche lassen sich oft nicht in einem Zug malen. Da kannst du einfach mehrmals ansetzen oder die Linie mit dem Finger hin- und herziehen.

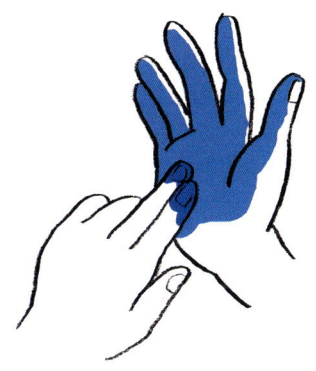

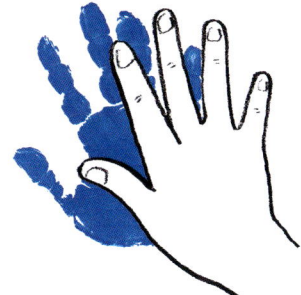

Für einen Handabdruck verteilst du die Farbe sorgfältig mit den Fingern der einen auf der Innenfläche der anderen Hand.

Nimm dir zum Abdrücken der Hand ruhig Zeit – lass sie etwas länger auf dem Papier liegen und drücke sie vielleicht noch etwas fester mithilfe der anderen Hand auf.

… und so sollte dein Arbeitsplatz aussehen: Weil Fingerfarben klecksen, spritzen und tropfen, solltest du Zeitung unterlegen! Und nicht dein schönstes T-Shirt anziehen, sondern lieber ein altes, das schon mal ein paar Flecken abbekommen hat. Außerdem: einen alten Lappen oder ausrangierte Handtücher bereitlegen. So kannst du deine Hände abwischen, bevor du die Farbe, mit der du gerade malst, wechselst. Deine Farbtöpfchen solltest du am besten immer verschließen, wenn du sie gerade nicht brauchst. So trocknet die Farbe nicht ein.

Farben mischen

Wenn du Fingerfarben bekommst, sind meist nur wenige Farbtöne dabei: Rot, Gelb, Blau, Grün, Schwarz und Weiß. Hier siehst du, was passiert, wenn du diese Farben mischst: Plötzlich hast du ganz viele neue Farben!

BLAU + GELB = GRÜN

ROT + GELB = ORANGE

ROT + BLAU = VIOLETT

VIOLETT + WEISS = LILA

GRÜN + GELB = HELLGRÜN

GRÜN + BLAU = DUNKELGRÜN

ROT + GRÜN = BRAUN

SCHWARZ + WEISS = GRAU

ROT + WEISS = ROSA

BLAU + WEISS = HELLBLAU

GRÜN + WEISS = BLASSGRÜN

GELB + WEISS = BEIGE

Am besten mischst du Fingerfarben in einem Pappteller oder auf einem dicken Stück Wellpappe.

SCHMETTERLING

Schmetterlinge ernähren sich von Nektar, den sie mit ihrem Rüssel aus der Blüte saugen.

1
gelb

2
blau

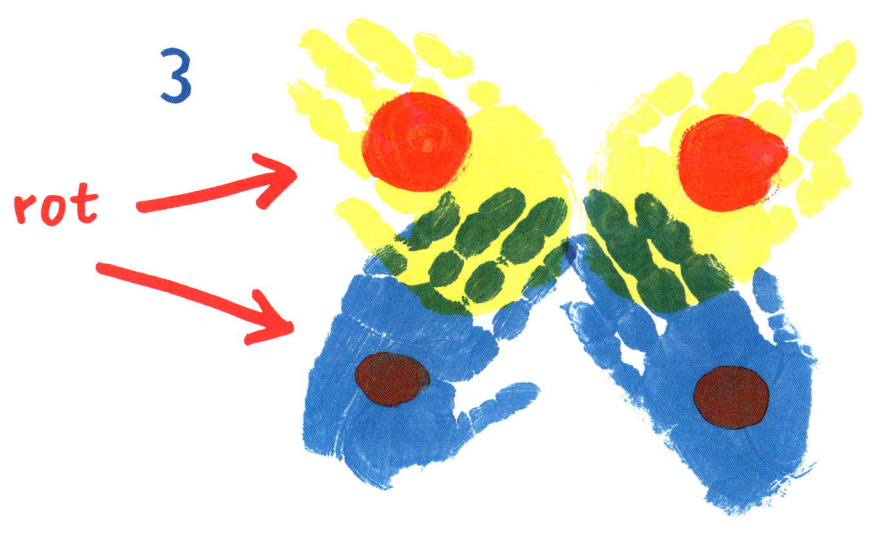

3

rot

4

schwarz

5

15

HUND

Hunde sind die ältesten Freunde des Menschen.
Sie verstehen uns und wir sie. Wenn ein Hund sich freut,
wedelt er mit dem Schwanz.

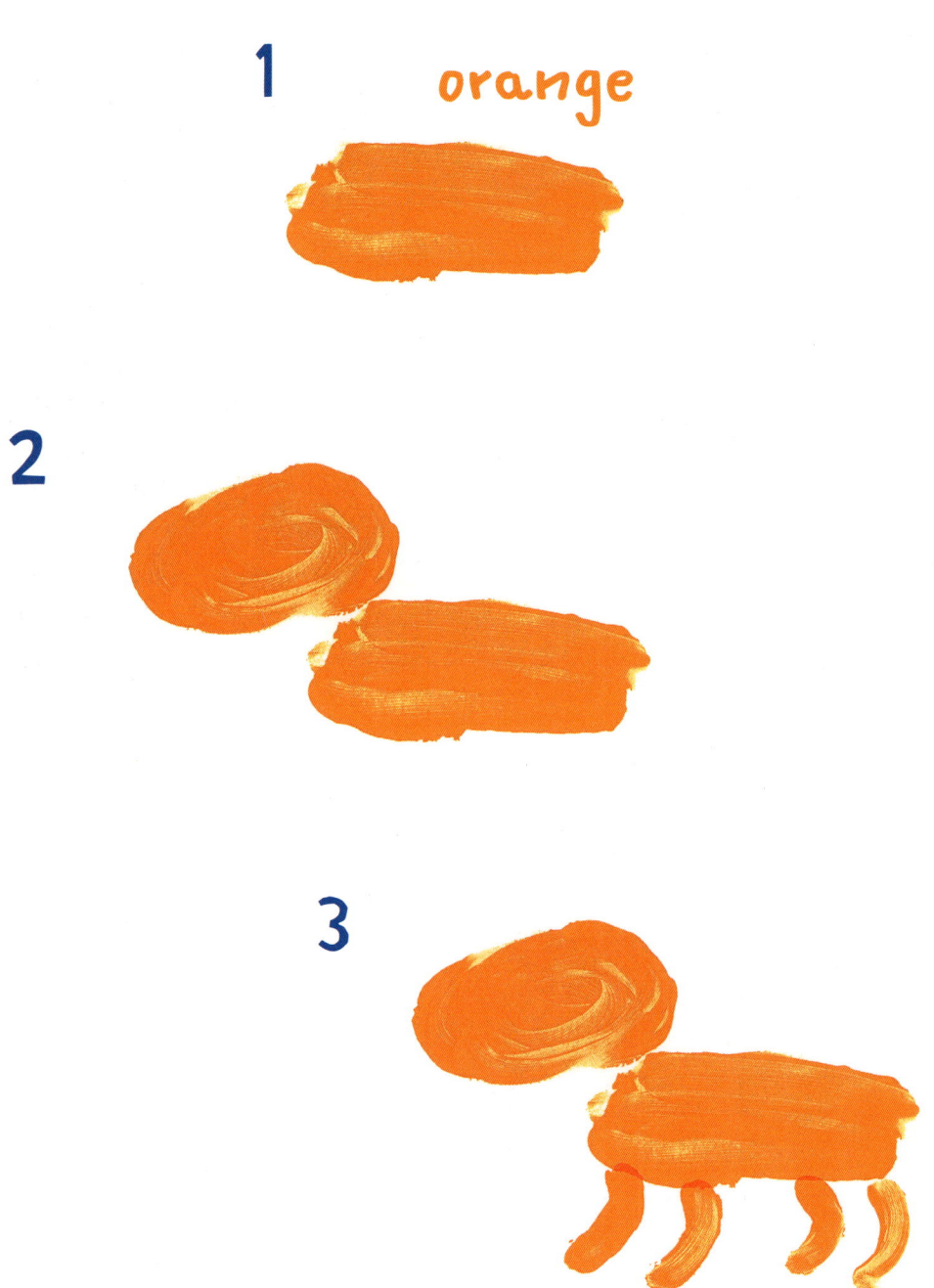

1 orange

2

3

4

rot

5 schwarz

Hunde sind eigentlich gezähmte Wölfe. Schon die Menschen in der Steinzeit hielten sich Hunde. Sie halfen den Menschen bei der Jagd und bewachten das Vieh und die Hütte.

Du kannst dem Hund auch Flecken und Tupfen aufs Fell malen. Falls du selbst einen Hund hast, versuch einmal, deinen eigenen Hund zu malen.

KATZE

Hauskatzen verschlafen mehr als den halben Tag (13 bis 14 Stunden). Sie spielen gerne, das ist für sie ungefähr genauso spannend wie Jagen.

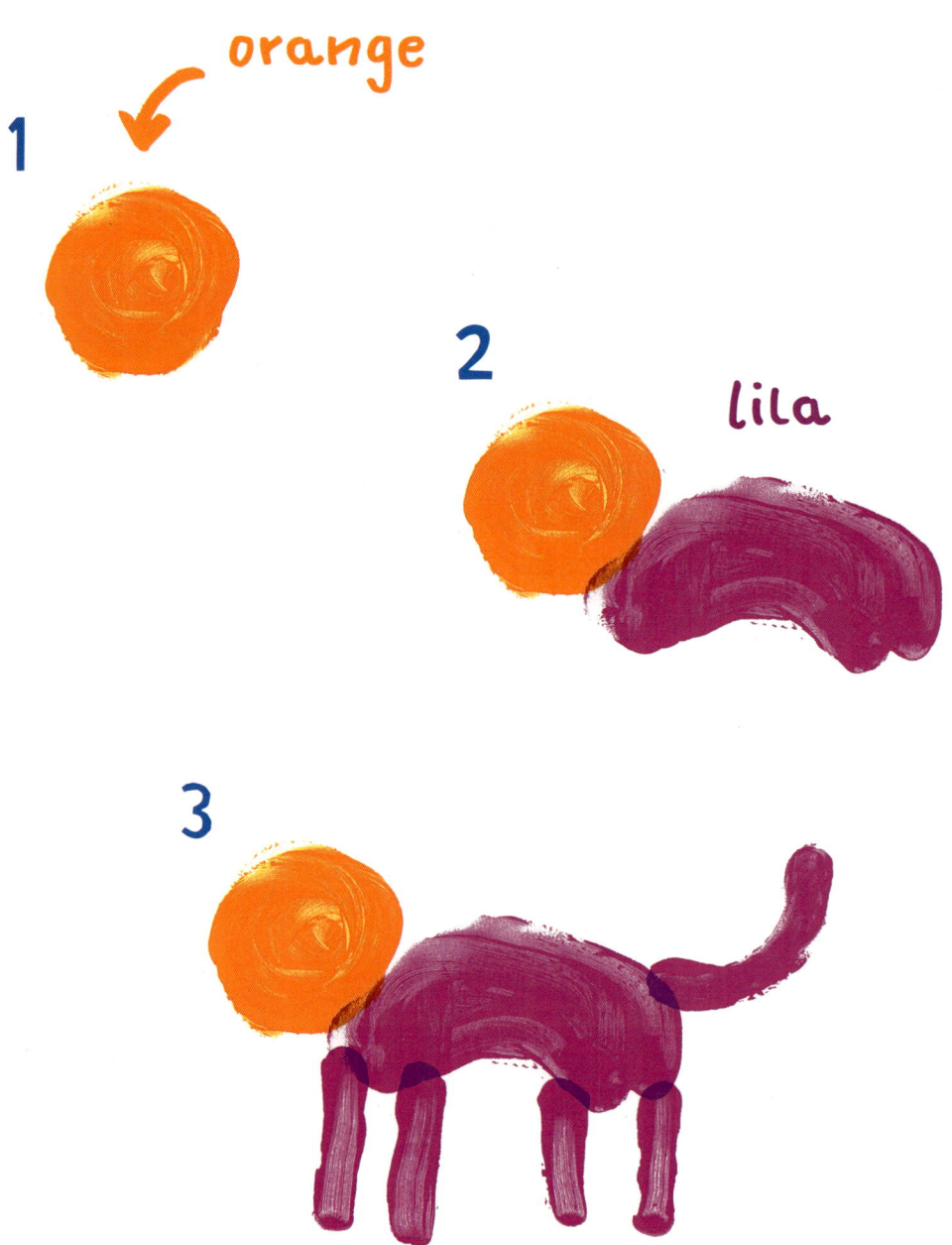

orange

1

2

lila

3

4

5

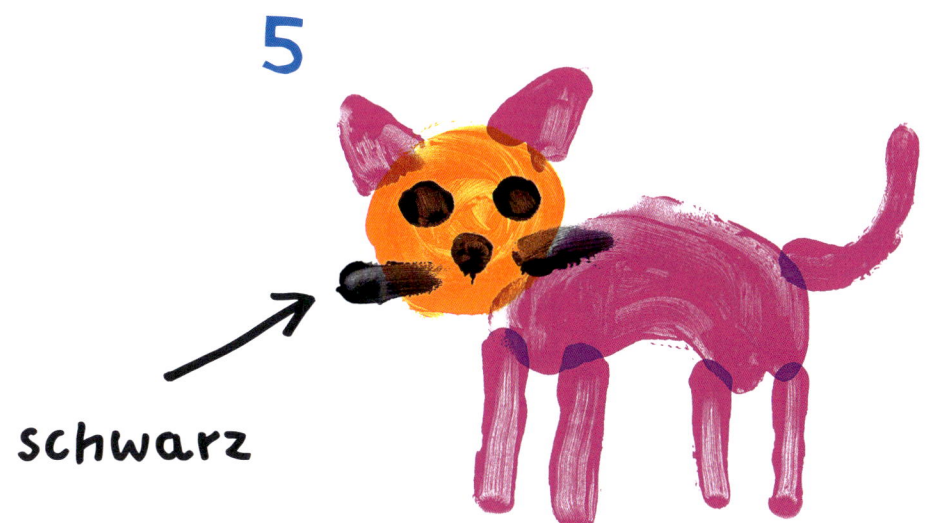

schwarz

So einfach malt
man übrigens
ein Wollknäuel.

MAUS

Der Hausmaus fällt es in der Nähe des Menschen leicht, Nahrung zu finden. Deshalb hat sie sich sogar den Winterschlaf abgewöhnt.

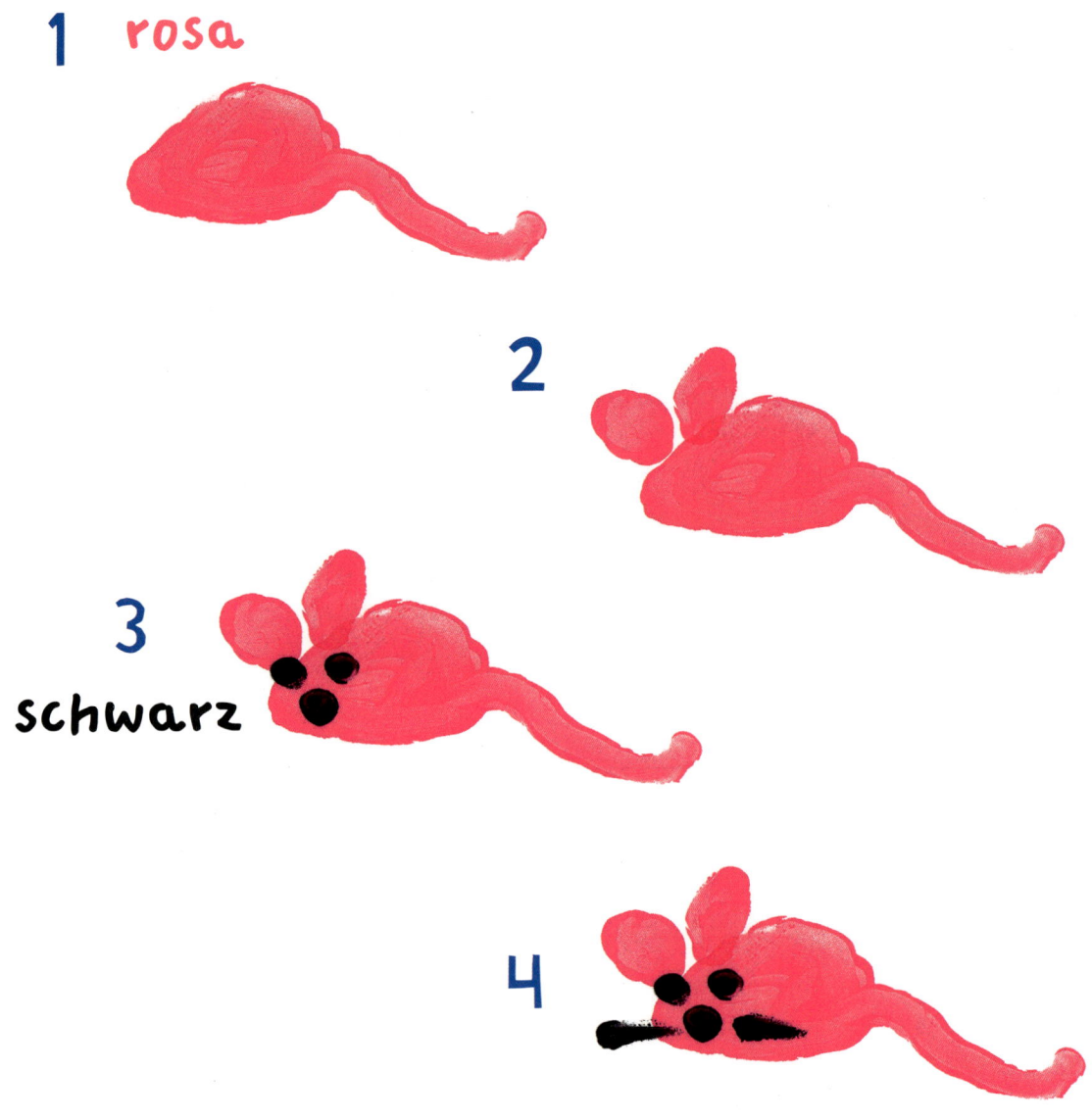

1 rosa

2

3 schwarz

4

Mäuse sind von Natur aus eigentlich grau, braun oder auch weiß, manchmal auch fast schwarz.

SCHAF

Schafe werden in Herden gehalten. Sie können sich bis zu 50 verschiedene Gesichter von anderen Schafen merken und sie wiedererkennen.

1 hellblau

2 orange

3 schwarz

4

Schafe sind eigentlich nicht himmelblau. Du kannst deine Schafe auch gelb, orange, braun oder schwarz malen. Auf farbigem Papier kannst du ein weißes Schaf malen.

HAHN

Ein Hahn ist ein männliches Huhn.
Weibliche Hühner nennt man auch Hennen.

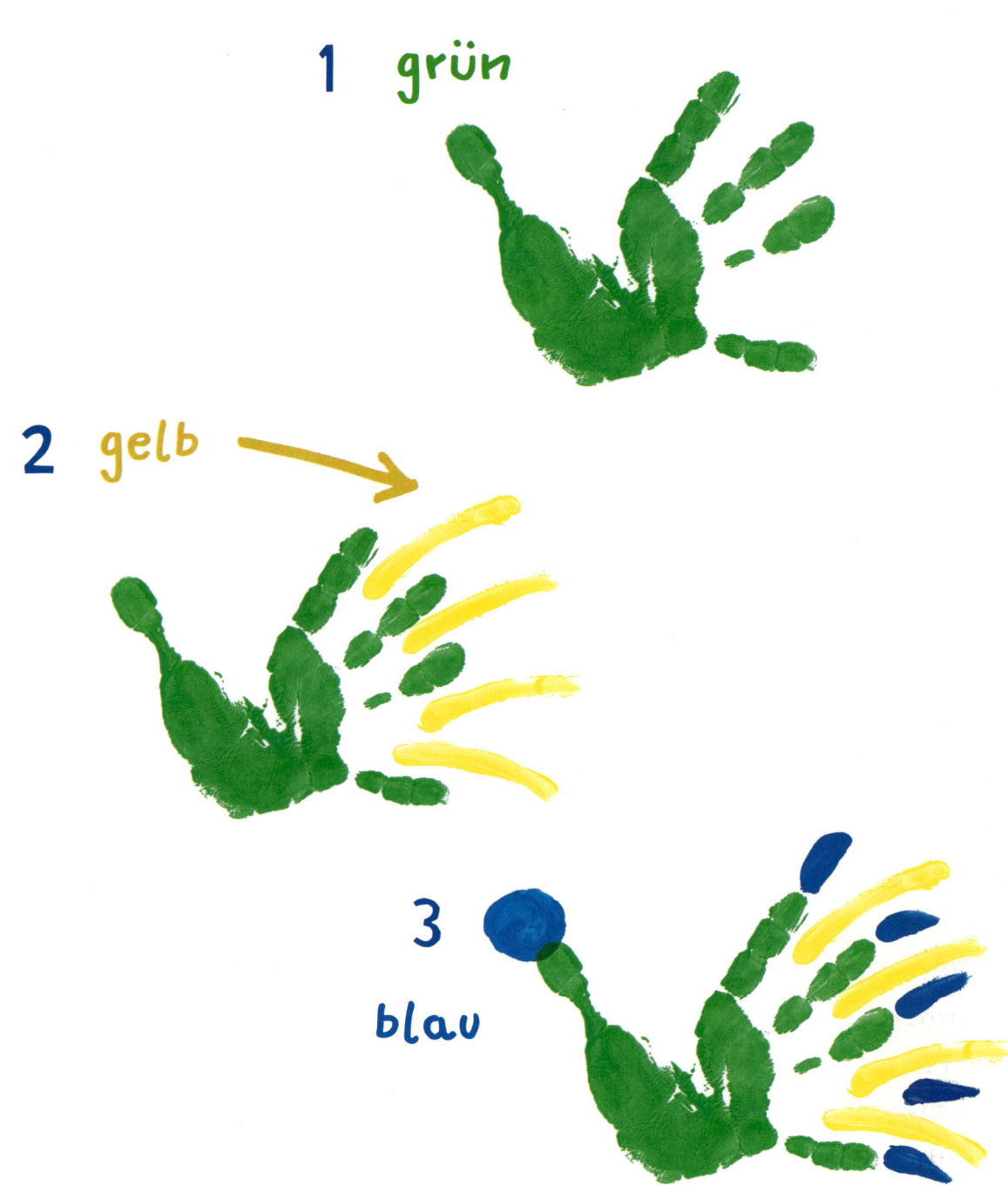

4

rot

5

schwarz

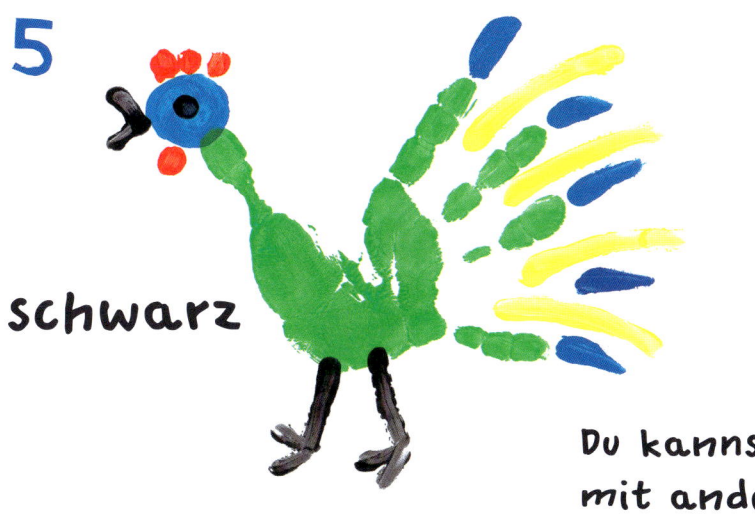

Du kannst den Hahn auch mit anderen Farben malen, Hauptsache bunt!

Der Hahn steht morgens immer als Erster auf. Er legt keine Eier. Das machen nur die Hühner.

HUHN

Hühner legen fast jeden Tag ein Ei. Aber nur, wenn man es ihnen jeden Morgen wegnimmt. Sonst würden sie es ausbrüten.

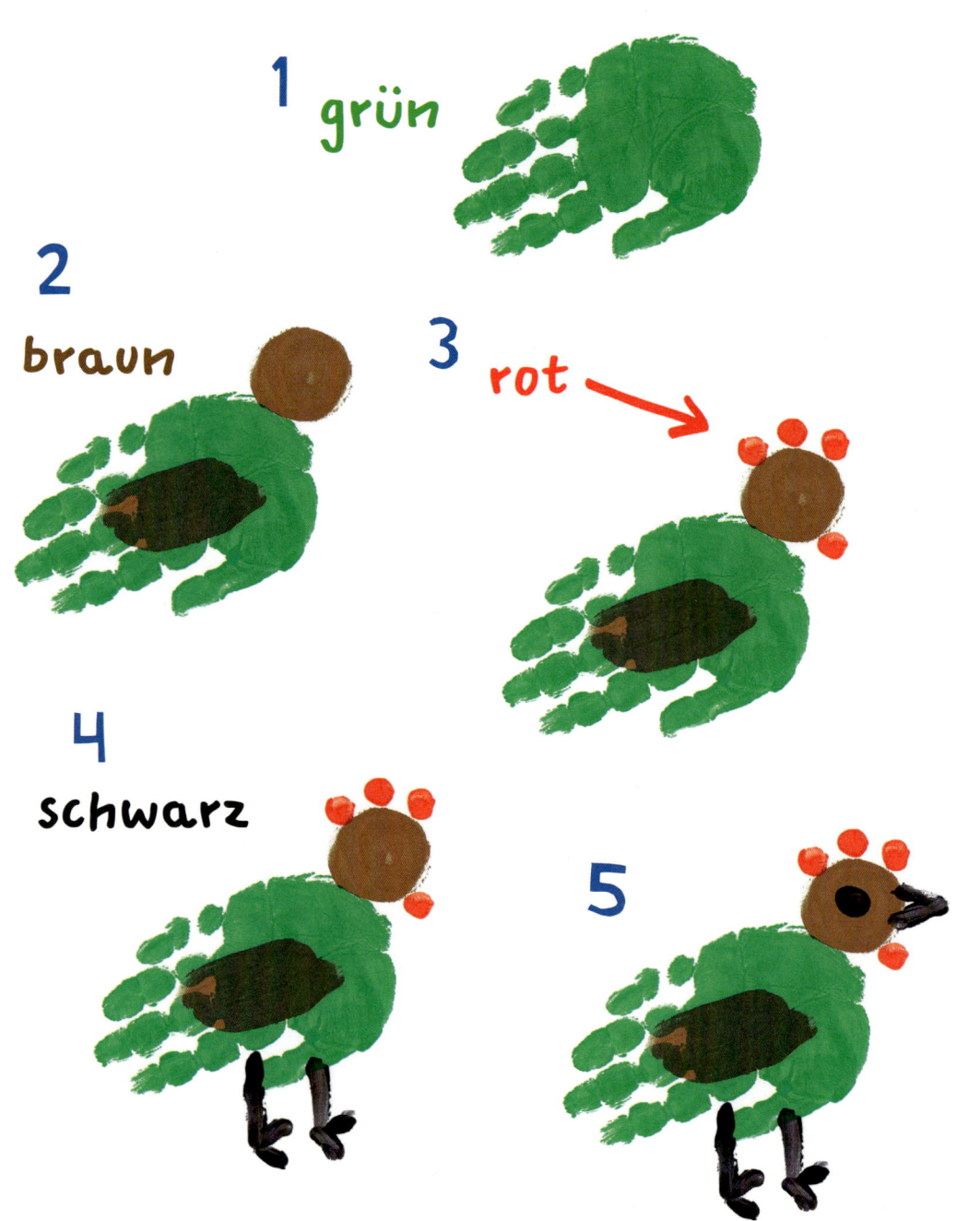

1 grün

2 braun

3 rot

4 schwarz

5

Hühner legen Eier.
Aus Eiern werden KÜKEN.

KÜKEN

Küken nennt man die jungen Hühner.

1 gelb

2

3 orange

4

5

schwarz

EULE

Eulen können sehr gut sehen und noch besser hören.
Zu den Eulen gehören auch Uhus und Käuze.

braun

1

2

grün

3

4

schwarz

5

gelb

Bevor du zum Schluss die gelben Tupfen malst, solltest du deinen Malfinger gut sauber machen. Oder du malst Schnabel und Füße einfach mit einem anderen Finger.

Eulen sind nachts wach. Dann jagen sie Mäuse und andere kleine Tiere. Dafür schlafen sie meist tagsüber.

IGEL

Igel rollen sich bei Gefahr zusammen. Dann sind nur noch ihre rund 5000 Stacheln zu sehen.

1 braun

2

3 orange

4 schwarz

5

HASE

Hasen und Kaninchen sind Verwandte. Man kann sie leicht verwechseln, aber Hasen haben meist längere Ohren.

1

orange

2

3

4

schwarz

Kennst du das Märchen vom Wettrennen zwischen Hase und Igel?

ENTE

Enten verbringen mehr Zeit auf dem Wasser als an Land. Darum haben sie auch Schwimmhäute zwischen den Zehen.

1 grün

2 rot

3 schwarz

4 blau

LIBELLE

Libellen können ihre Flügel so gut bewegen, dass sie in der Luft stehen bleiben können. Manchmal ändern sie die Richtung so schnell, dass es aussieht, als würden sie zickzack fliegen.

1 blau

2 rosa

3

4 schwarz

Libellen sind schön bunt und funkeln in der Sonne. Du kannst sie also in allen Regenbogenfarben malen!

FISCH

Fische können unter Wasser atmen. Das machen sie mit ihren Kiemen, mit denen sie den Sauerstoff aus dem Wasser filtern.

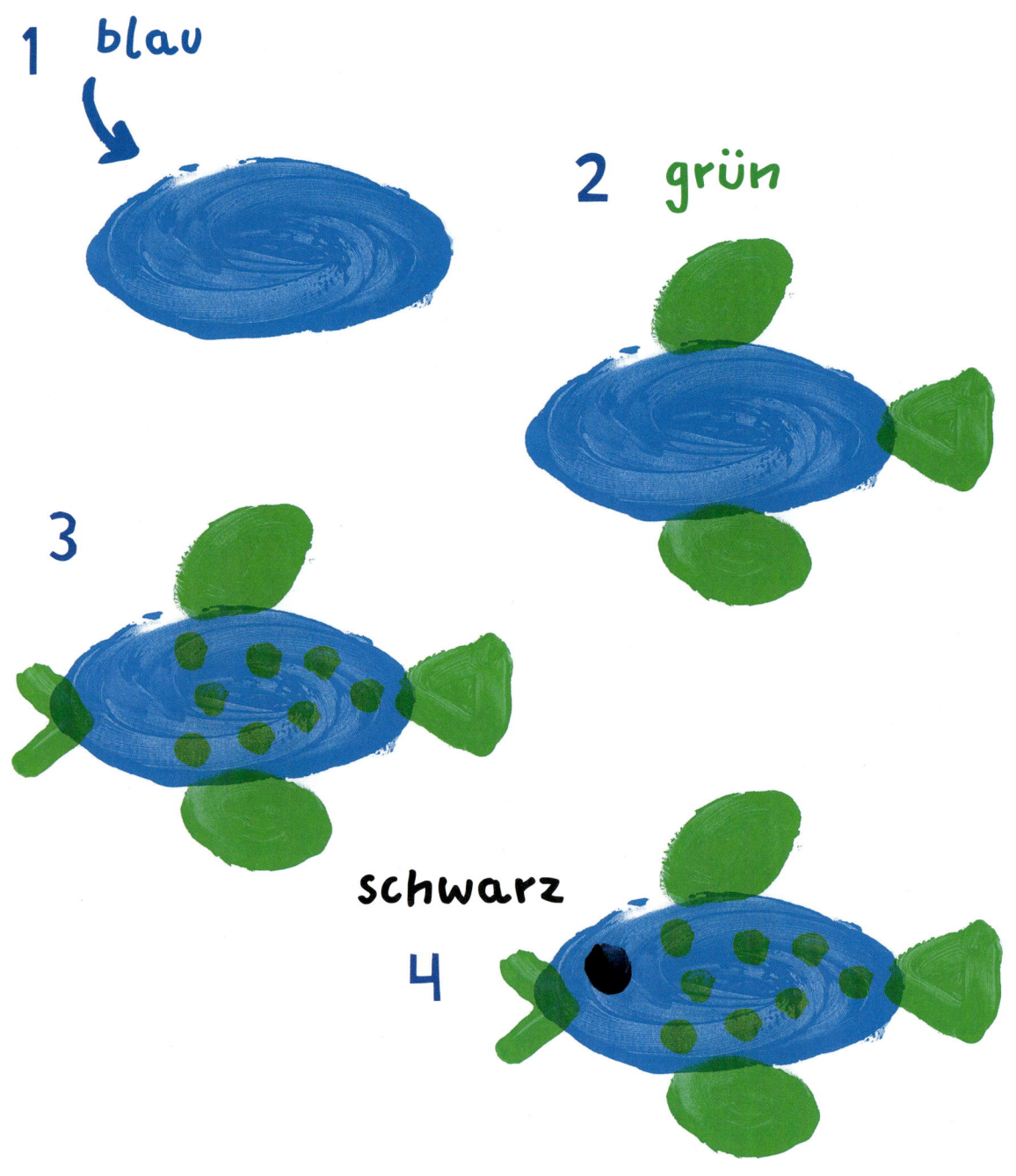

1 blau

2 grün

3

schwarz

4

KLEINER FISCH

1 blau

2 schwarz

Viele kleine Fische ergeben einen FISCHSCHWARM.

Dein Fischschwarm wirkt besonders lebendig, wenn die Fische unterschiedliche Farben haben.

FROSCH

Frösche leben im Wasser und an Land.
Ihre Babys nennt man Kaulquappen. Nur sie können
unter Wasser atmen.

1 grün

2

3 schwarz

Wenn Frösche quaken, pumpen sie
ihren Kehlsack auf, sie machen
sozusagen dicke Backen. Dadurch
sind sie richtig laut. So können
sich die Frösche auch über große
Entfernungen verständigen.

STRAUSS

Der Strauß ist zwar ein Vogel, kann aber nicht fliegen.
Dafür kann er richtig schnell laufen: Über 50 km/h,
so schnell wie ein Auto in der Stadt.

1 braun

2 weiß

3 orange

4

schwarz

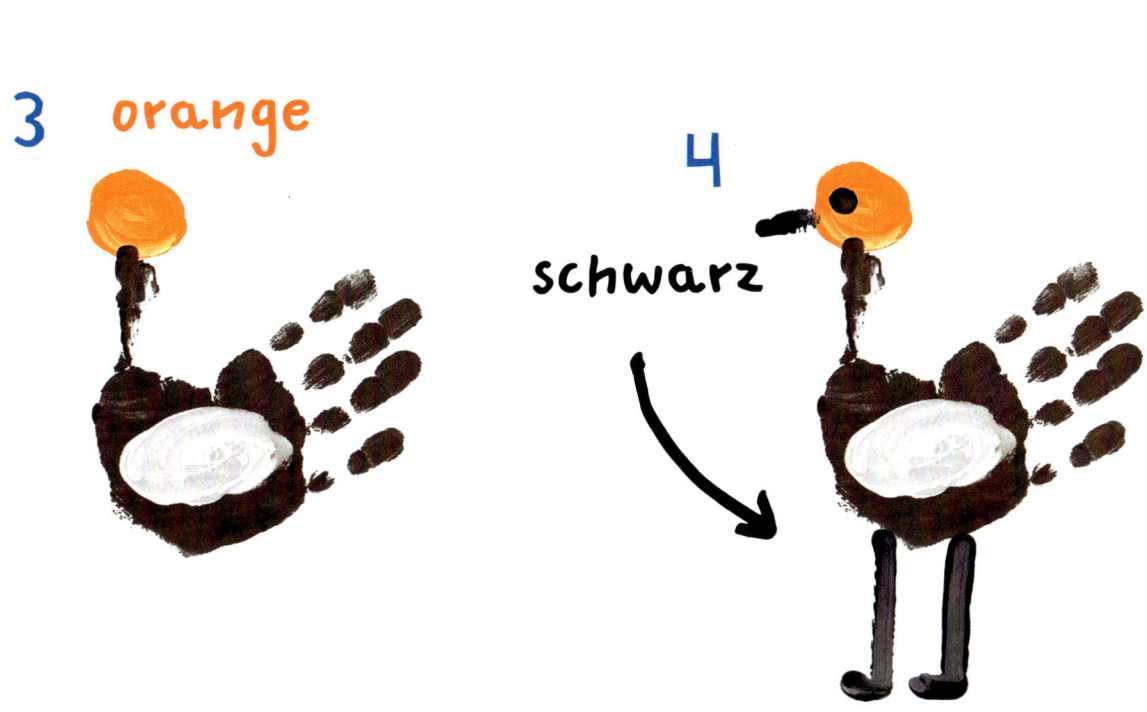

LÖWE

Löwen sind Raubtiere, sie fangen und fressen andere Tiere. Aber sie jagen nur, wenn sie Hunger haben. Die meiste Zeit des Tages, bis zu 20 Stunden, schlafen oder dösen sie.

orange

1

2

3

rot

4

5

schwarz

Bei den Löwen haben nur die ausgewachsenen Männchen eine Mähne. Weibchen haben diese Haare nicht. An der großen Mähne erkennt man gleich, wer in der Savanne der Chef ist.

ELEFANT

Elefanten baden gerne, meistens gehen sie einmal am Tag ins Wasser. Doch dabei waschen sie sich nicht, sondern bewerfen sich mit Schlamm. So pflegen sie ihre dicke, aber empfindliche Haut.

1 blau

2

3

4 gelb

5 schwarz

Elefanten sind eigentlich grau, aber du kannst sie auch in der Farbe malen, die dir gefällt.

KROKODIL

Krokodile haben viele spitze und scharfe Zähne, aber sie können damit nicht kauen. Also schlucken sie ihre Nahrung einfach so in großen Bissen hinunter.

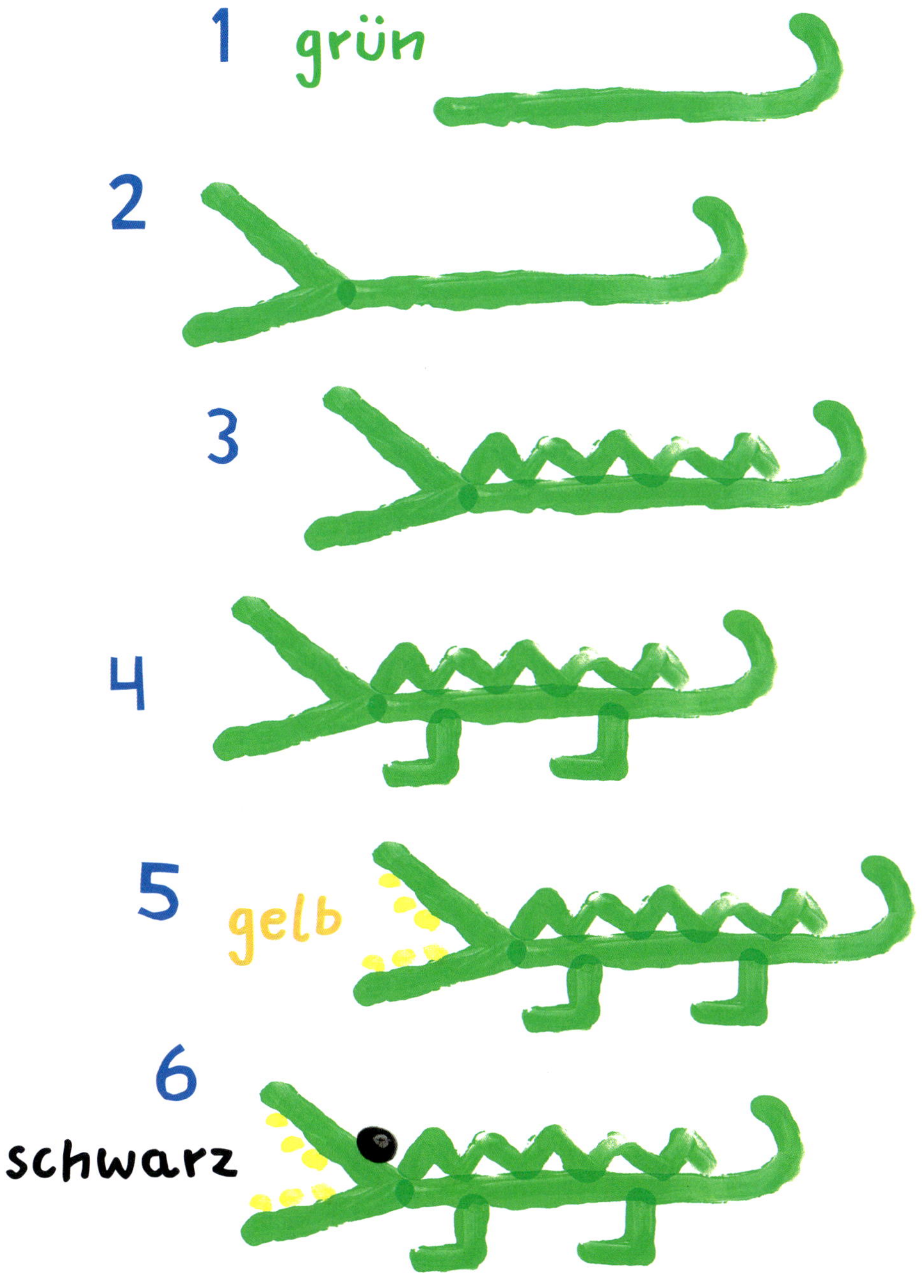

1 grün

2

3

4

5 gelb

6

schwarz

Kritzeln
mit Buntstiften

Der erste Schritt zum Zeichnen und Malen ist das Kritzeln – und das macht wie alle neuen Entdeckungen unheimlich viel Spaß. Leg einfach los und du wirst sehen, dass es von den ersten, einfachen Farbspuren bis hin zu „echten" Bildern nur ein Katzensprung ist. Oft braucht es nur ein paar zusätzliche Striche, damit aus deiner Kritzelwolke ein Elefant wird! Blättere einfach durch unseren bunten Tiergarten – hier erwarten dich 40 lustige Ideen.

Formen, Farben, Striche

Kritzeln kann man immer und überall – und mit ein paar kleinen Tricks wird aus Gekritzel ganz schnell eine tolle Zeichnung:

Jedes der Motive in diesem Kapitel beginnt mit einer hingekritzelten Form, irgendwie rund, oval oder eckig. Dann folgen weitere, nummerierte Zeichenschritte bis zum fertigen Tier. Aber du musst das nicht unbedingt genauso machen. Ebenso lustig ist es, erst einmal frei vor sich hin zu kritzeln. Danach schaust du im Buch, was für ein Tier daraus werden könnte.

Du kannst einfach nach und nach alle Tiere aus dem Kapitel malen, gern auch abgewandelt: mit mehr oder weniger Farbe, mehr oder weniger Details. Und danach kritzelst du nach Lust und Laune weiter. Die Bilder im Buch sind vor allem Anregungen, etwas Schönes aus Fantasie, Farbe und Fingerfertigkeit zu machen.

| 1 | 2 | 3 | fertig! |

Igel einmal so …

… und einmal so.

MAL WAS DRAUS!

Kritzeln kann man auch als Spiel zu zweit
spielen: Einer kritzelt vor, die andere
fügt ein paar Details hinzu – und fertig
ist das gemeinsame Kunstwerk. Wenn
dabei ältere Geschwister oder die Eltern
mitspielen, kommen auch ganz kleine
Künstler und Künstlerinnen, die noch
ungeübt sind, zu tollen Ergebnissen.

MARIENKÄFER

Der dicke, runde Käfer hat sechs Beine. Auf den beiden Flügeln malst du gleich viele Punkte, es dürfen aber auch mehr oder weniger sein als hier.

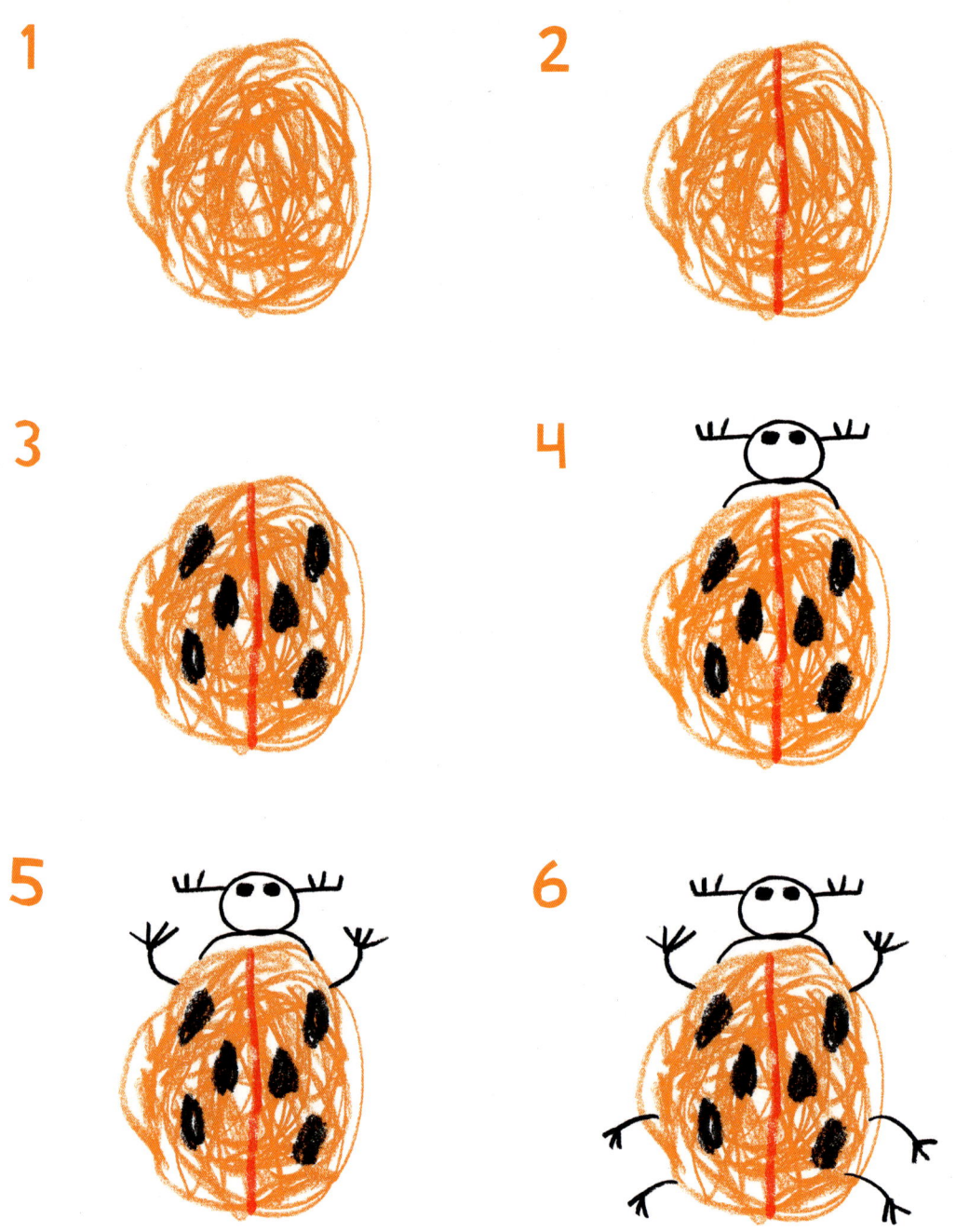

SCHNECKE

Das Schneckenhaus ist ganz rund, vielleicht kannst du dafür ja einen schönen Kreis kritzeln. Außerdem ist es wie eine Spirale gedreht: Male dafür einen Kringel auf den Kreis und natürlich die Schnecke selbst mit ihren kleinen Fühlern, das sind nämlich ihre Augen!

1

2

3

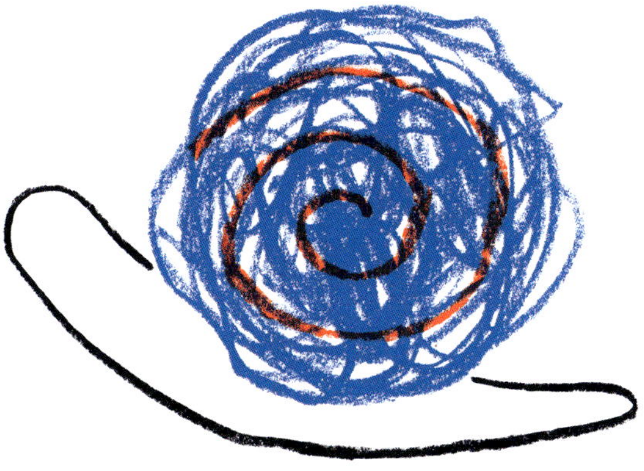

4

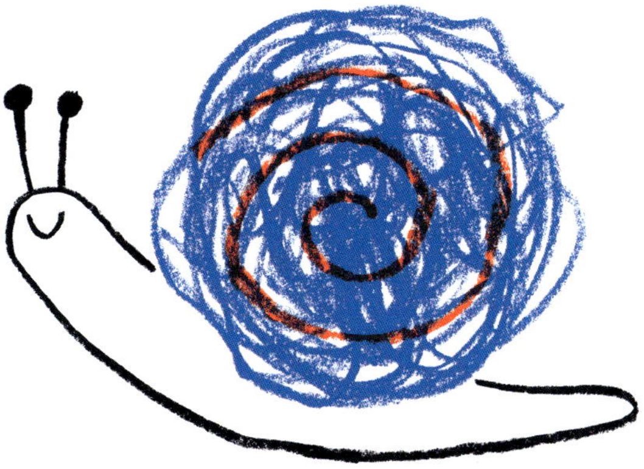

45

RAUPE

Nach dem Kopf kommt der Körper: Erst Rot, dann Gelb, dann Rot – und dann lass einfach Lücken für Gelb. Zum Schluss malst du so viele Beine, wie du kannst, die Fühler und das Gesicht.

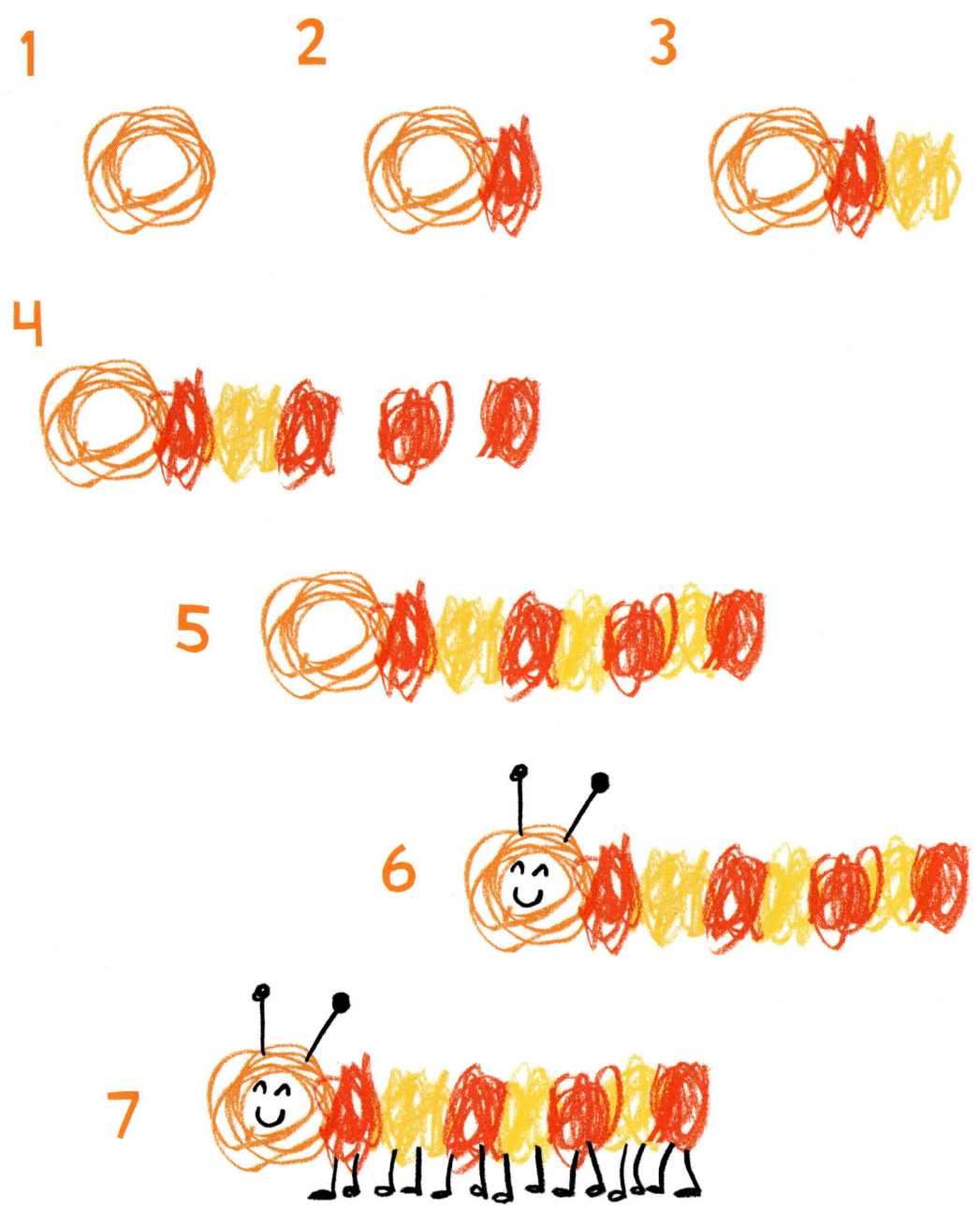

SCHMETTERLING

Kritzel zuerst einmal den **Körper** des Schmetterlings.
Dann lassen sich die **Flügel** nämlich viel
gleichmäßiger malen. Erst die Ränder, dann ausmalen.

1

2

3

4

5

6

HUND

Ein Brötchen mit zwei Ohren und einem Schwanz – das wird ein Hund. Man erkennt ihn natürlich erst, wenn du die Schnauze und die Beine gezeichnet hast.

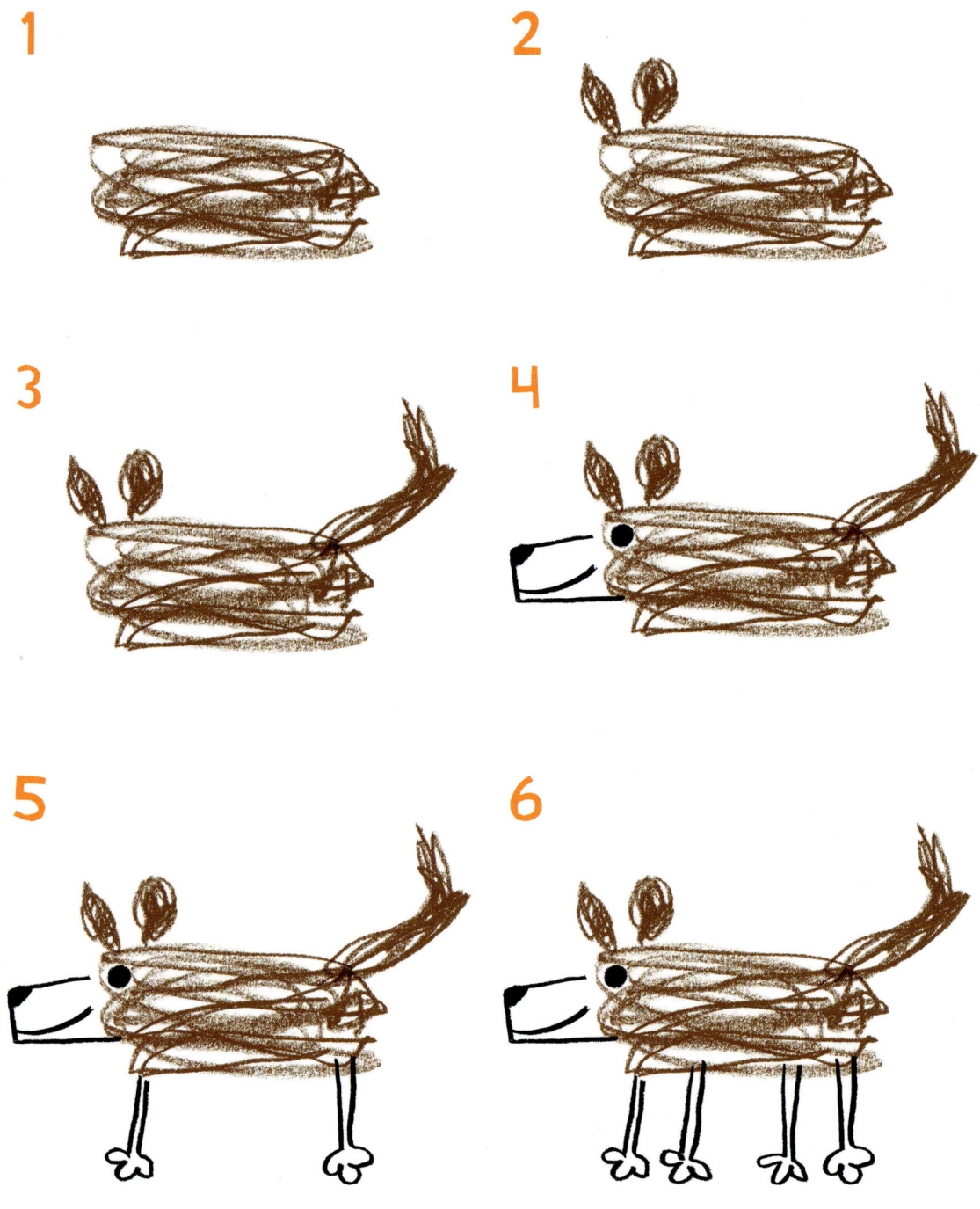

1

2

3

4

5

6

KATZE

Der Kopf ist „leer", damit darin viel Platz fürs Katzengesicht mit den Schnurrhaaren ist. Die Vorderbeine sind einfach Striche mit Pfoten dran, das Hinterbein sieht aus wie eine 2.

1

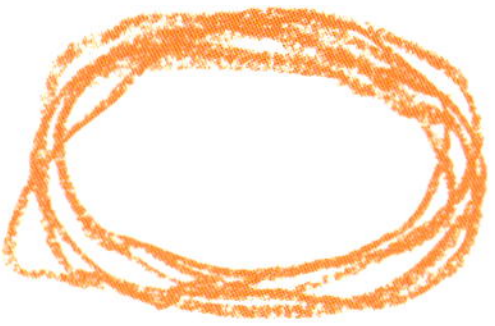

2

3

4

5

6

MAUS

Ein rotes Knäuel mit Schwanz, dann ein spitzer Kopf.
Und wenn du noch Schnurrhaare und Ohren zeichnest,
erkennt man sie ganz deutlich: die Maus!

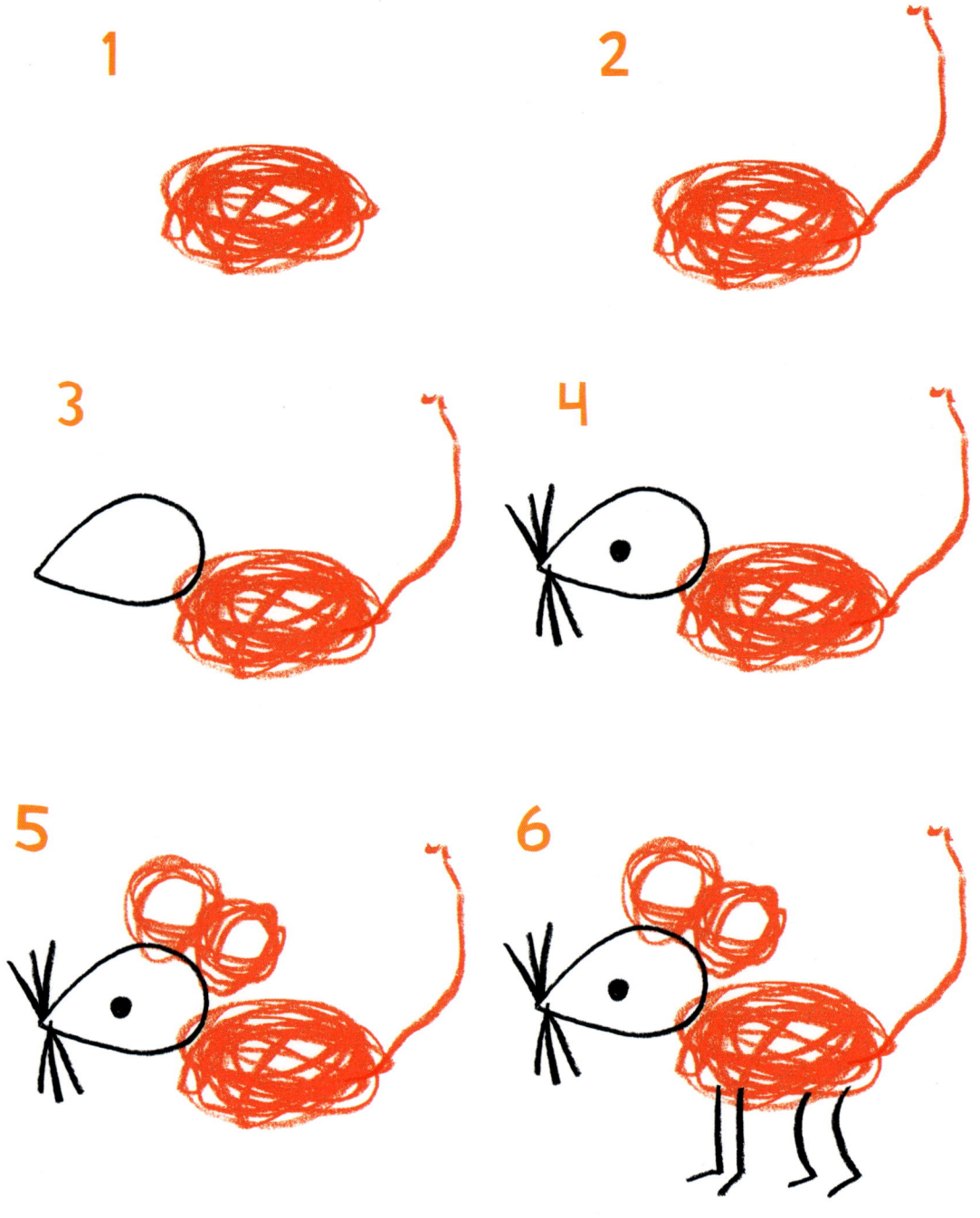

SPINNE

Mach es wie die Spinne: Ziehe für das Netz einen langen Spiralfaden. Dann kritzelst du die Spinne hinein. Spinnen haben übrigens immer acht Beine.

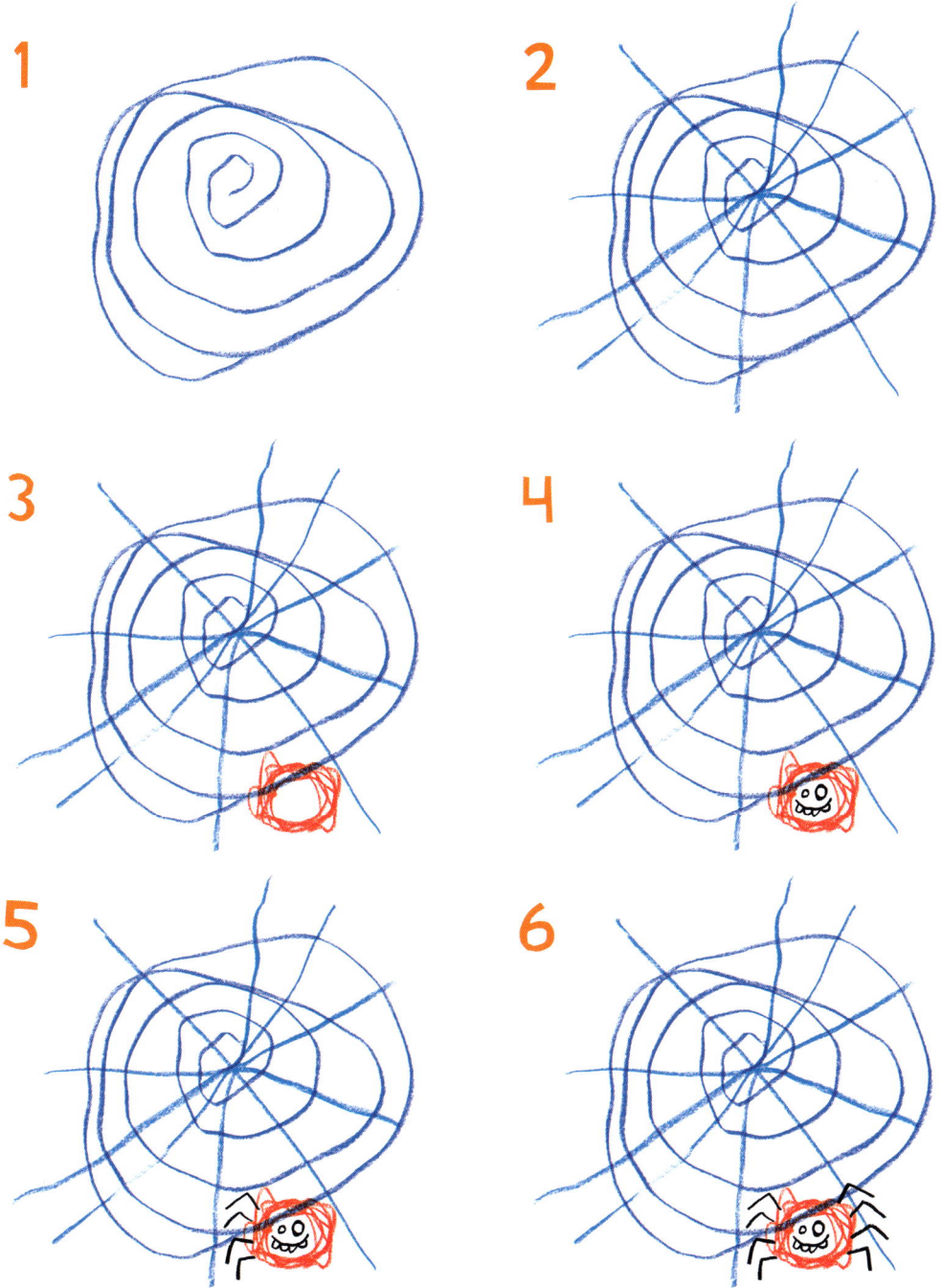

SCHAF

Kritzel erst einmal ganz viel Wolle. Dann kommt der etwas schwierigere Teil: der Kopf. Die Beine sehen aus wie Stöckchen – das ist einfach.

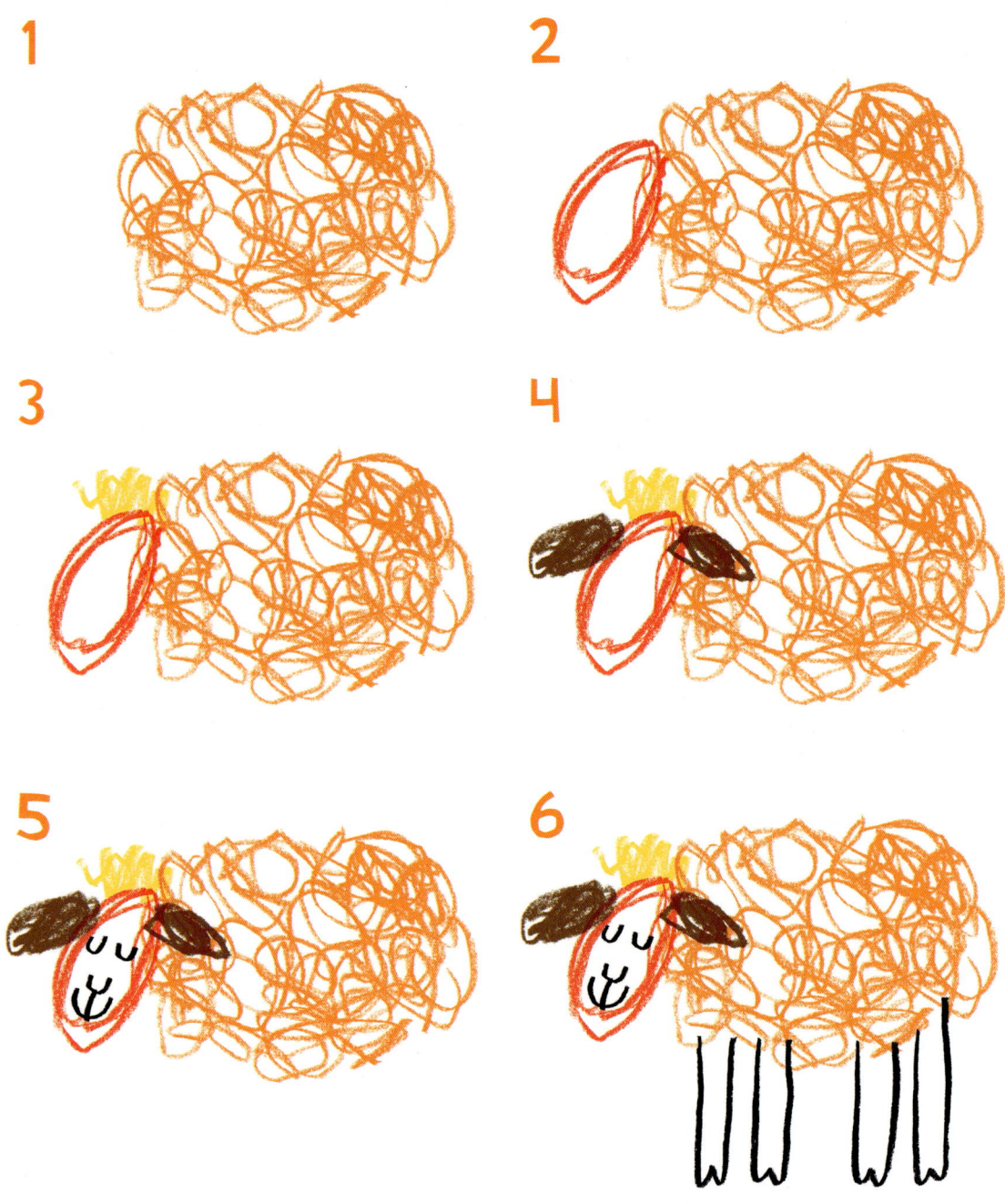

1

2

3

4

5

6

KUH

Aus einer **Kritzelwolke** wird eine Kuh: Setze einen „leeren" **Kopf** dran und male **Augen, Ohren, Hörner** und ein **Maul** dazu. Dann kommen **Beine, Euter** und **Schwanz.**

1 **2** **3** **4** **5** **6**

HAHN

Am meisten Spaß macht es, den bunten Schwanz aus
drei Farben zu kritzeln. Körper, Hals und Flügel sind
auch schön bunt. Probier einfach alle Farben aus!

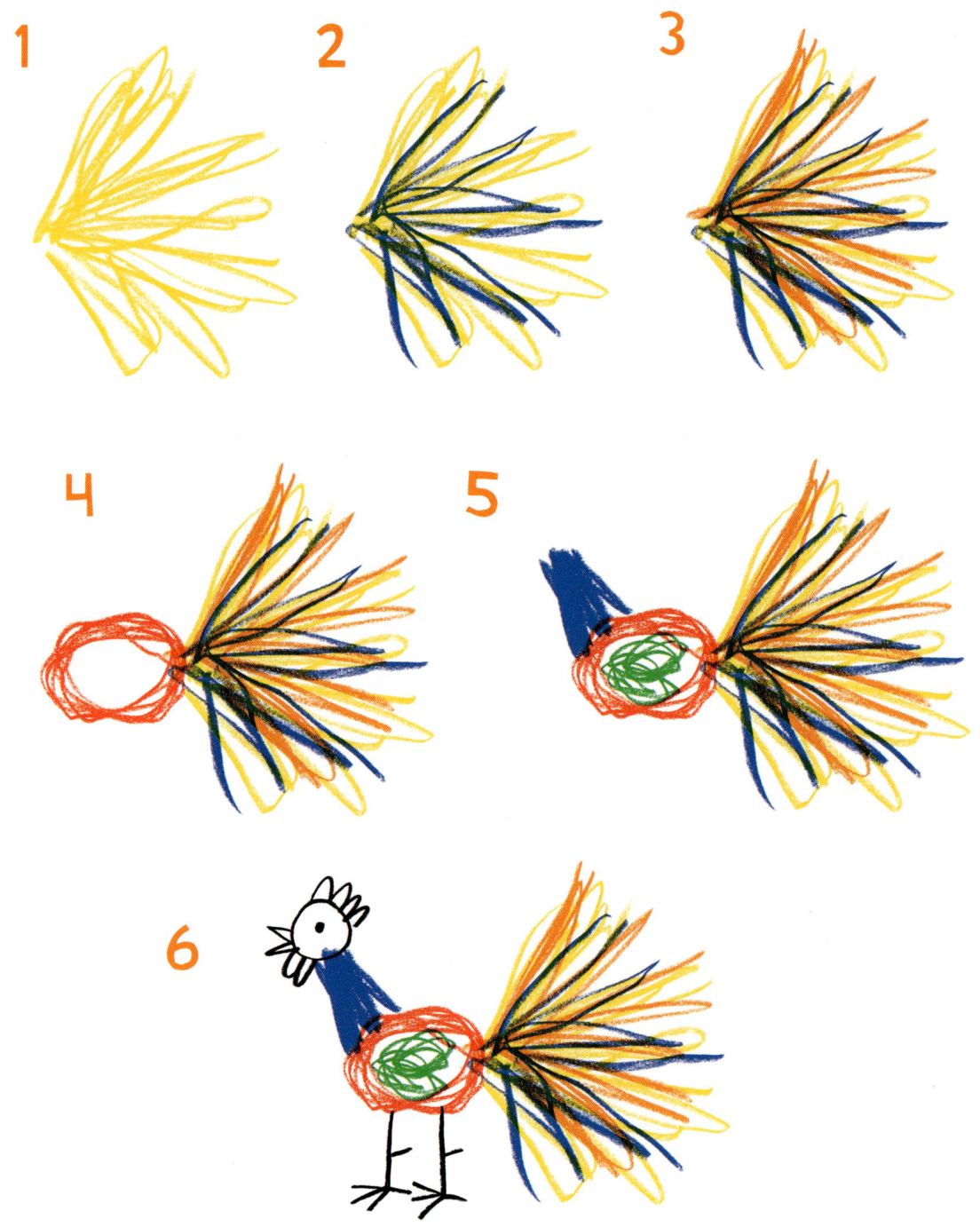

KÜKEN

Kritzel zuerst das Nest. Das geht ganz leicht mit Gelb und Braun. Das Küken ist einfach nur ein flauschiger gelber Ball mit Schnabel, Flügeln und Schwanzfedern.

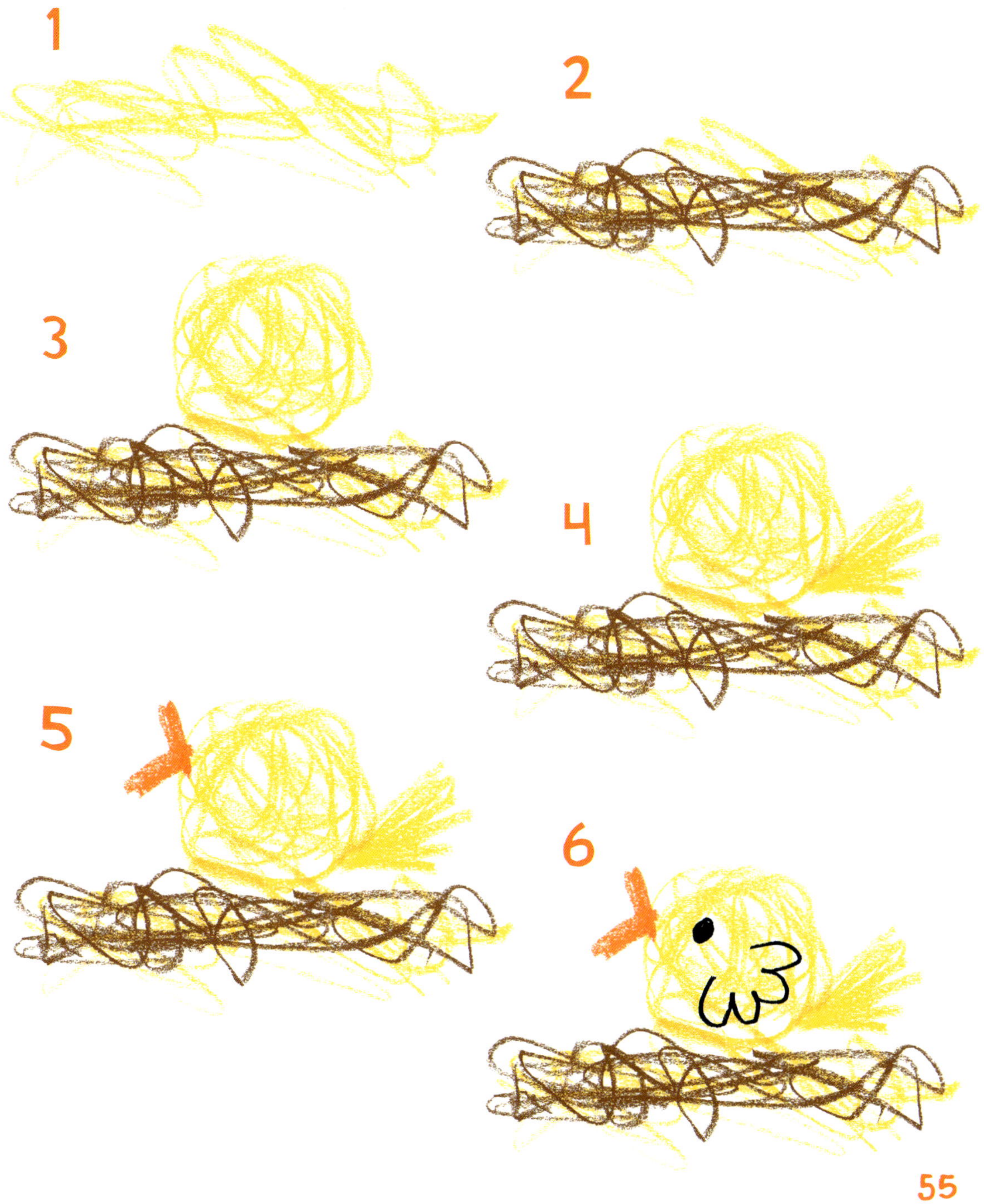

1

2

3

4

5

6

HIRSCH

Der Hirsch sieht niedlich aus, wenn du ihm zwei Knopf-
augen und eine dicke Nase in den „leeren" Kopf malst.
Zeichne das Geweih so, dass es rechts und links gleich
viele „Zweige" hat. Dann kommen Beine und Schwanz.

EULE

Mit einem bunten Bauch und kreisrunden Augen fängst du an. Der Rest der Eule zeichnet sich fast wie von selbst: Öhrchen, Schnabel, Flügel, Schwanz und Füße.

1

2

3

4

5

6

IGEL

Zuerst kritzelst du braune Stacheln. Und dann kritzelst du noch mehr braune Stacheln. Zum Schluss zeichnest du den Körper, das Gesicht und die Beine.

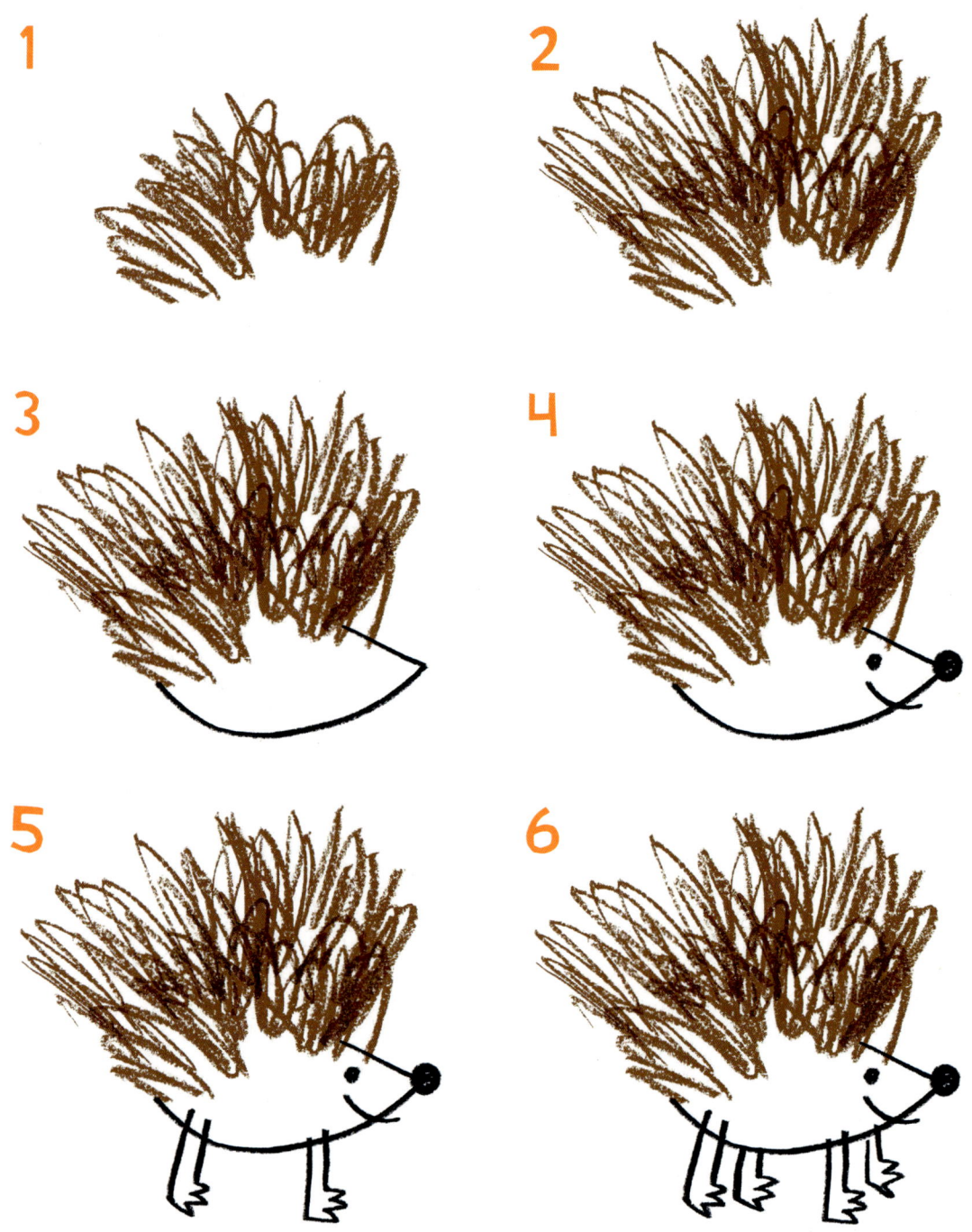

FUCHS

Fang mit dem Bauch an. Einfach so. Dann malst du Kopf und Schwanz: Beide sind „leer" und werden vorsichtig mit etwas Rot gefüllt. Für die Beine zeichnest du einfach Stöckchen mit Pfoten.

EICHHÖRNCHEN

Der Kopf sieht aus wie eine Nuss. Darunter kritzelst du die beiden Kreise für den Körper. Der Schwanz ist eine wilde, buschige Kritzelwolke. Und zum Schluss kommen die Öhrchen, Pfoten, Beine und das Gesicht.

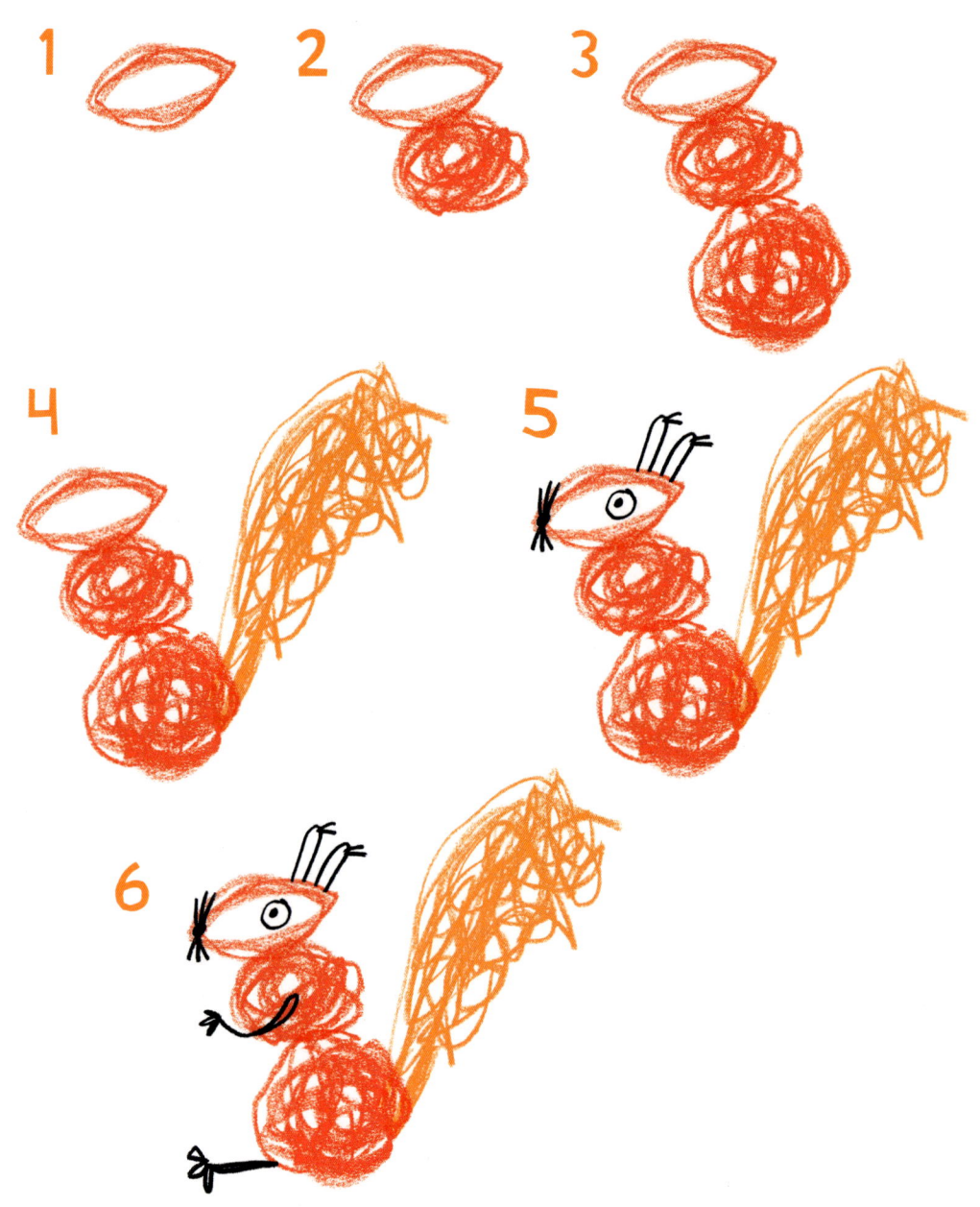

FLEDERMAUS

Fang mit den Flügeln an. Dann weißt du gleich, wohin du Kopf und Körper kritzeln kannst. Wenn die Fledermaus schläft, musst du dein Blatt drehen, dann hängt sie an den Füßen mit dem Kopf nach unten.

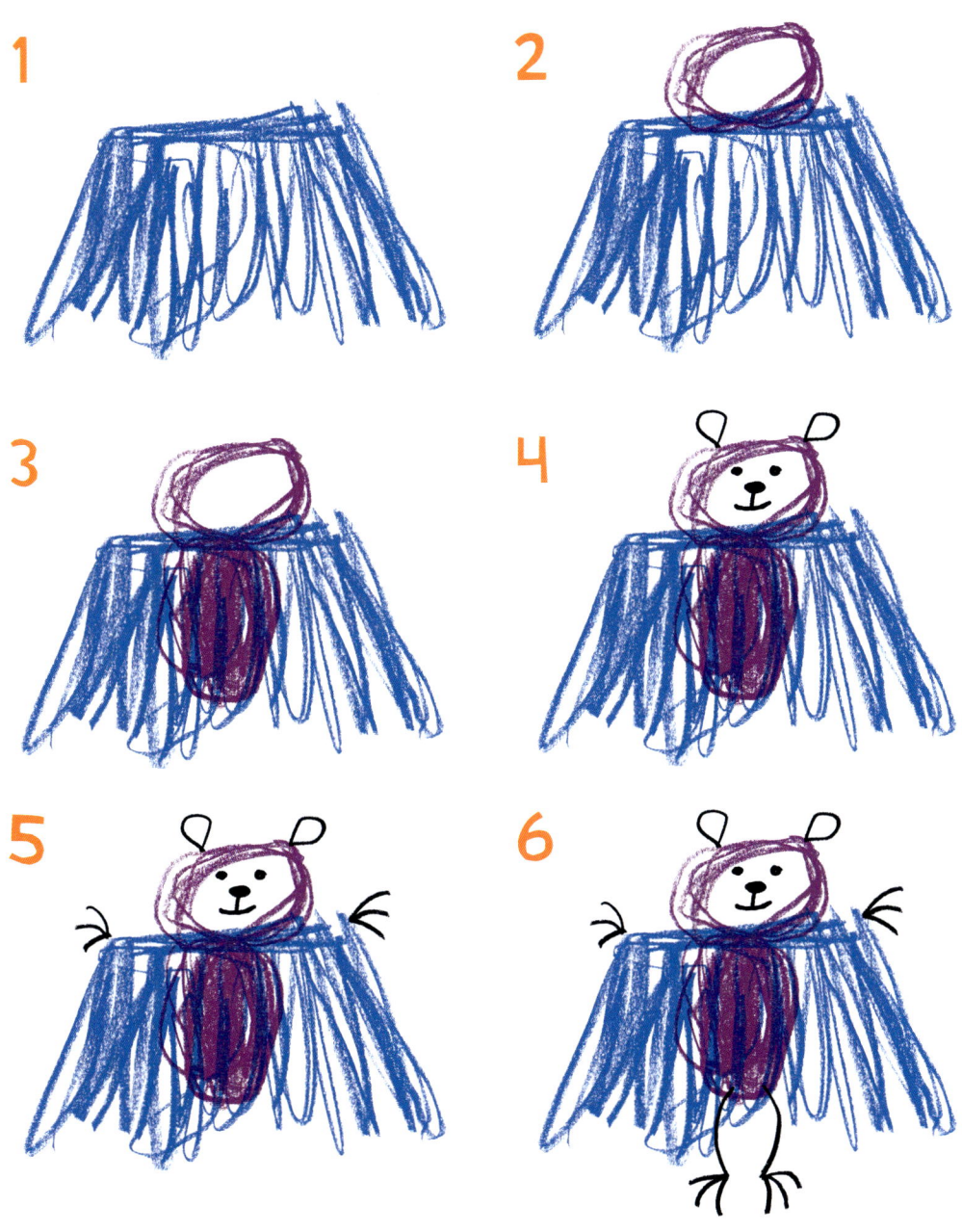

1 **2**

3 **4**

5 **6**

61

BÄR

Der Körper darf ruhig ein bisschen eckig sein, das ist nicht schlimm. Zeichne einfach ein nettes Gesicht und lange Arme, dann erkennt man den Bären gut.

HASE

Aus einer gekritzelten Acht lässt sich ganz leicht ein Hase machen. Male einfach ein paar Ohren und einen Schwanz dran. Dann kommt noch das Hasengesicht. Es braucht vor allem lange Schnurrhaare.

RABE

Male zuerst ein „leeres" Ei als Körper, denn sonst
kannst du den Flügel anschließend nicht hinein malen.
Du darfst den Raben auch ganz mit Schwarz kritzeln.

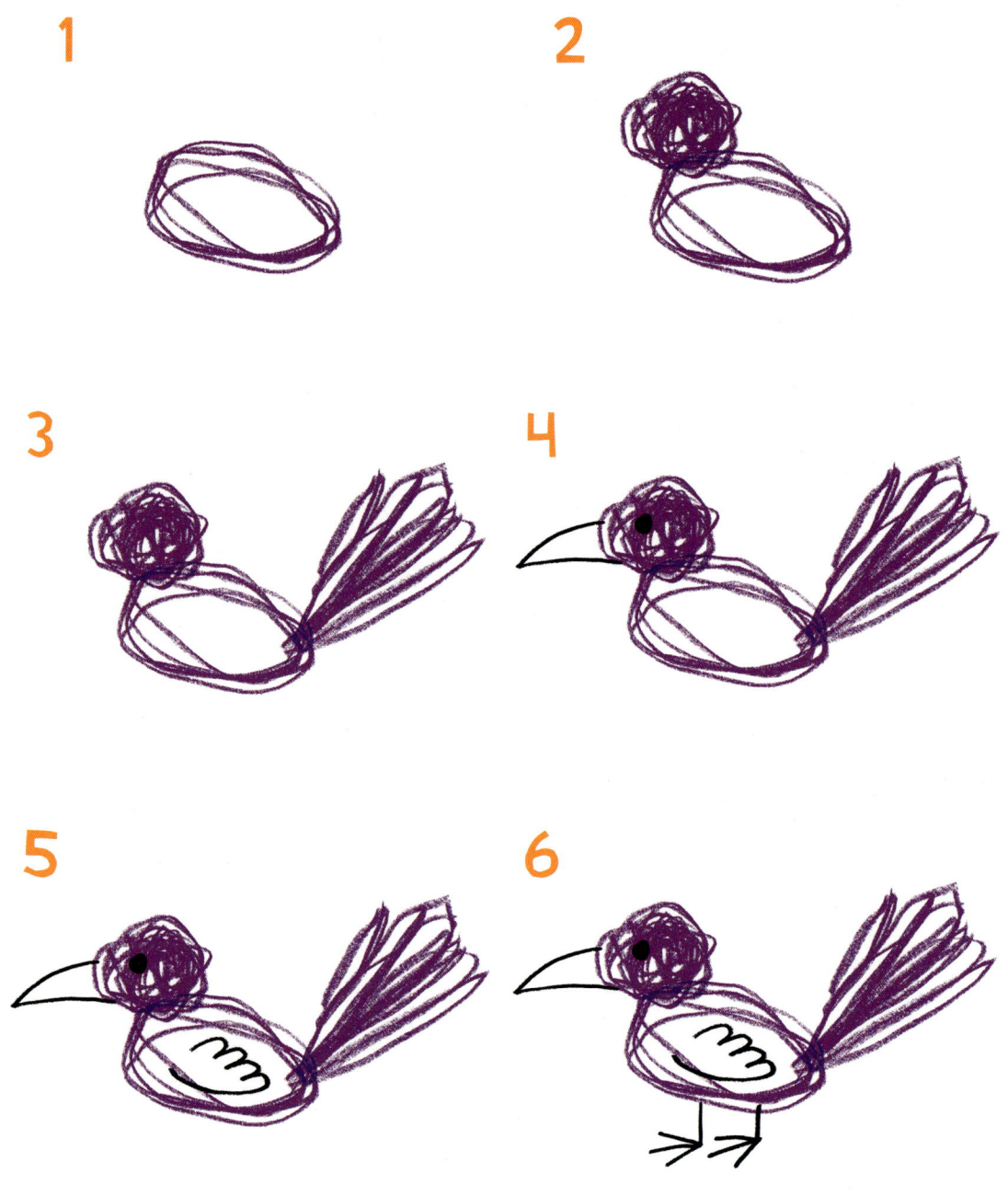

SCHILDKRÖTE

Fang mit dem Panzer an. Der sollte auch ein Muster haben. Zum Schluss schauen dann Kopf, Schwanz und Beine heraus. Male der Schildkröte auch ein Gesicht.

ENTE

Der Entenschwanz zeigt meist nach oben, der Schnabel ist rund. Wenn die Ente schwimmen soll, malst du Wasser, wenn sie watschelt, zeichnest du zwei Füße.

1

2

3

4

5

(5)

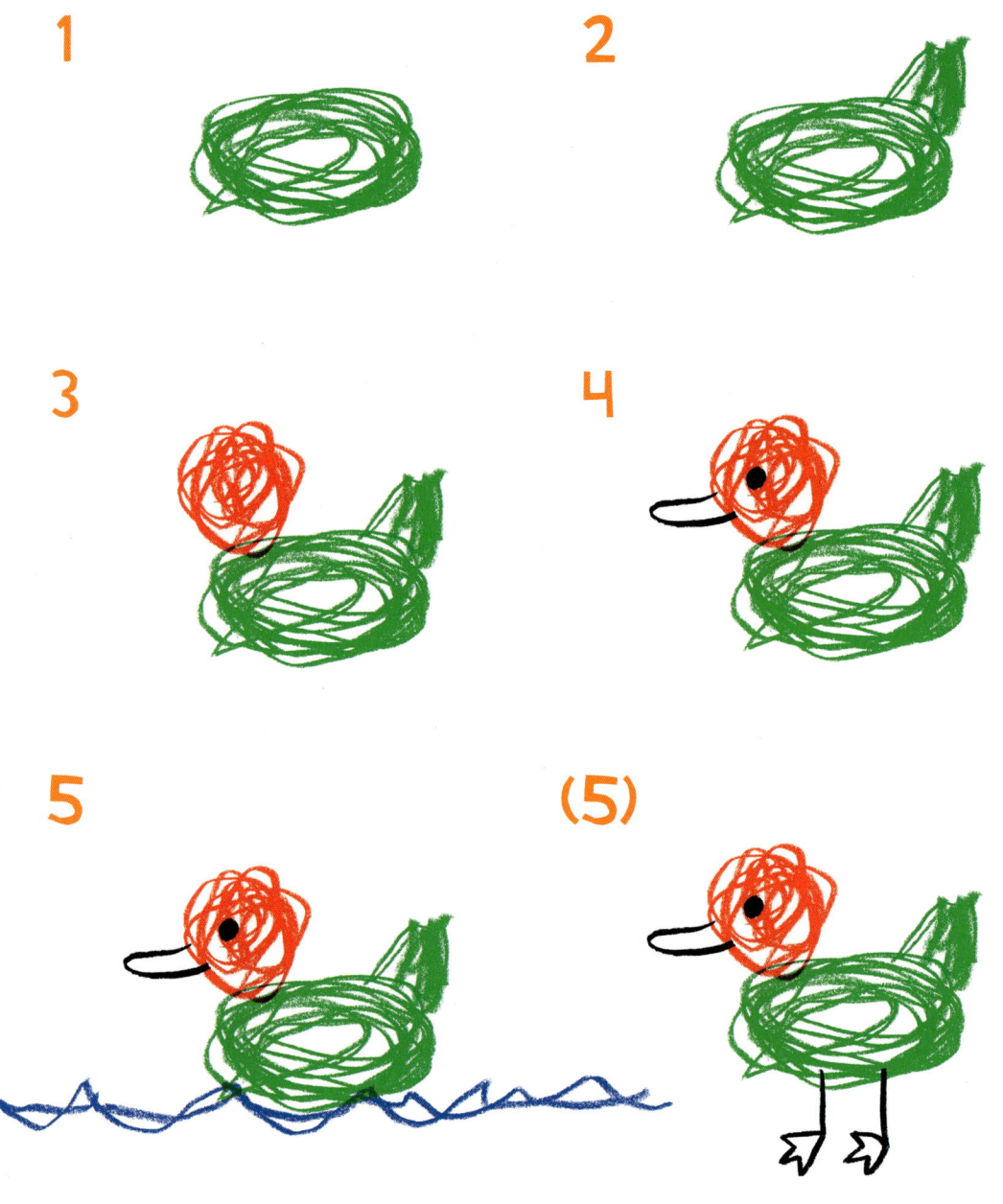

FROSCH

Male einen Körper-Kritzel-Kringel mit einer schönen Spitze: Da ist dann später das Froschmaul. Mach auch zwei kugelrunde Kreise für die Glubschaugen.

1

2

3

4

5

6

FISCH

So ein Fisch ist irgendwie **länglich** und auch ein bisschen **rund**. So etwas kritzelst du ruckzuck! Zum Schwimmen und Steuern braucht er ein paar **Flossen**.

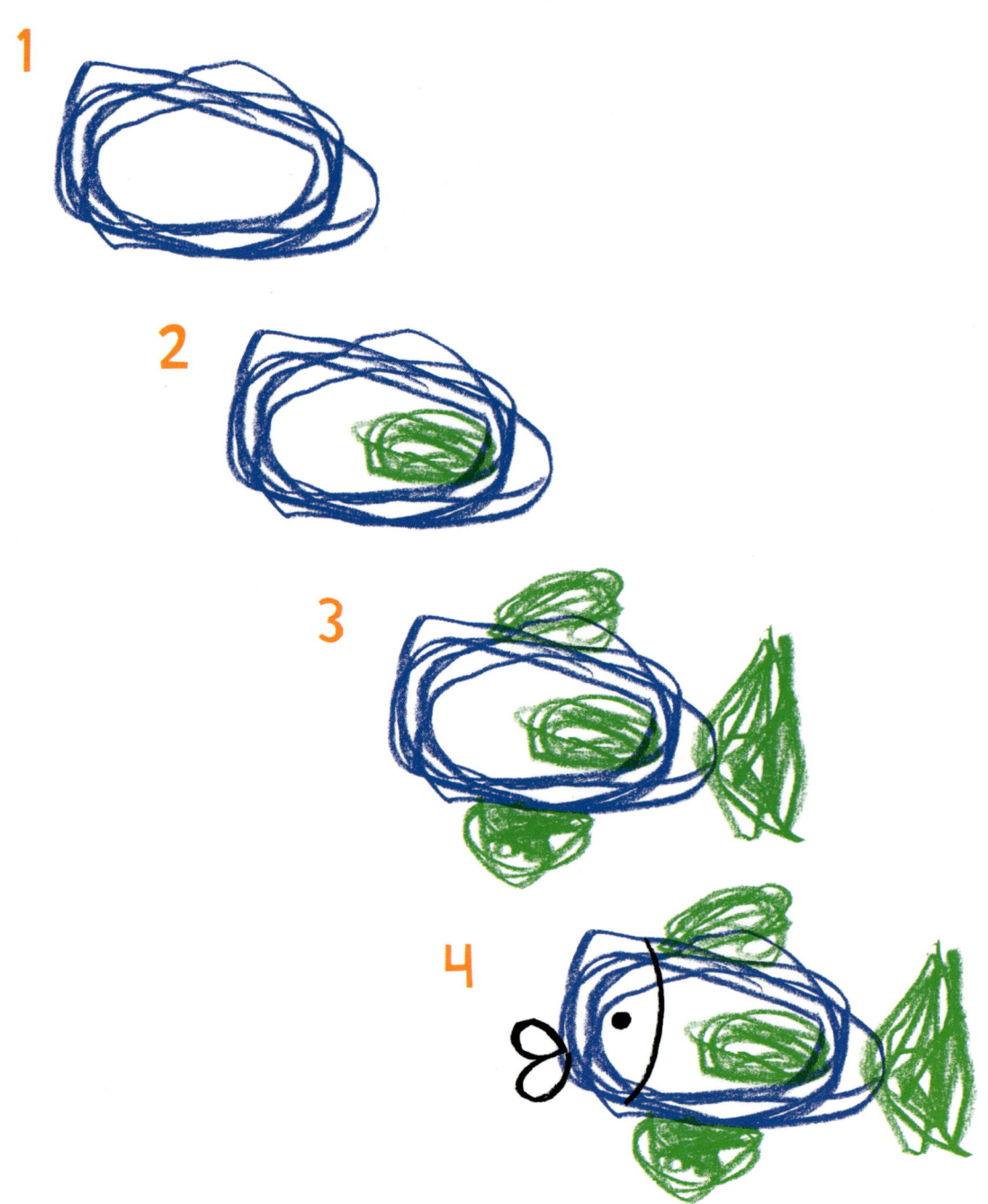

1

2

3

4

DELFIN

Wenn du einen schönen Tropfen kritzeln kannst, mach einen Delfin: Die Schnauze ist spitz, die Flossen sind rundlich und der Schwanz sieht aus wie ein Dreieck.

1

2

3

4

5

6

SEEHUND

Hast du einen großen, „leeren" Kritzelkreis, dann malst du einfach ein paar Flossen an die flache Seite. Und hinten einen Schwanz. Oben, wo es rund ist, zeichnest du ein nettes Gesicht mit Kulleraugen hin.

PINGUIN

Der Körper kann gelb oder auch hellblau sein. Der „Frack" mit dem Flügel ist aber auf jeden Fall schwarz. Dann kommen noch Schnabel und Füße.

1

2

3

4

5

KROKODIL

Kritzel ein Dreieck und dann noch eins anders herum:
Das ist der Körper. Wenn du das Maul malst, lass
Platz für die Zähne: Die müssen spitz und gefährlich
aussehen. Und vergiss den Halbkreis fürs Auge nicht.

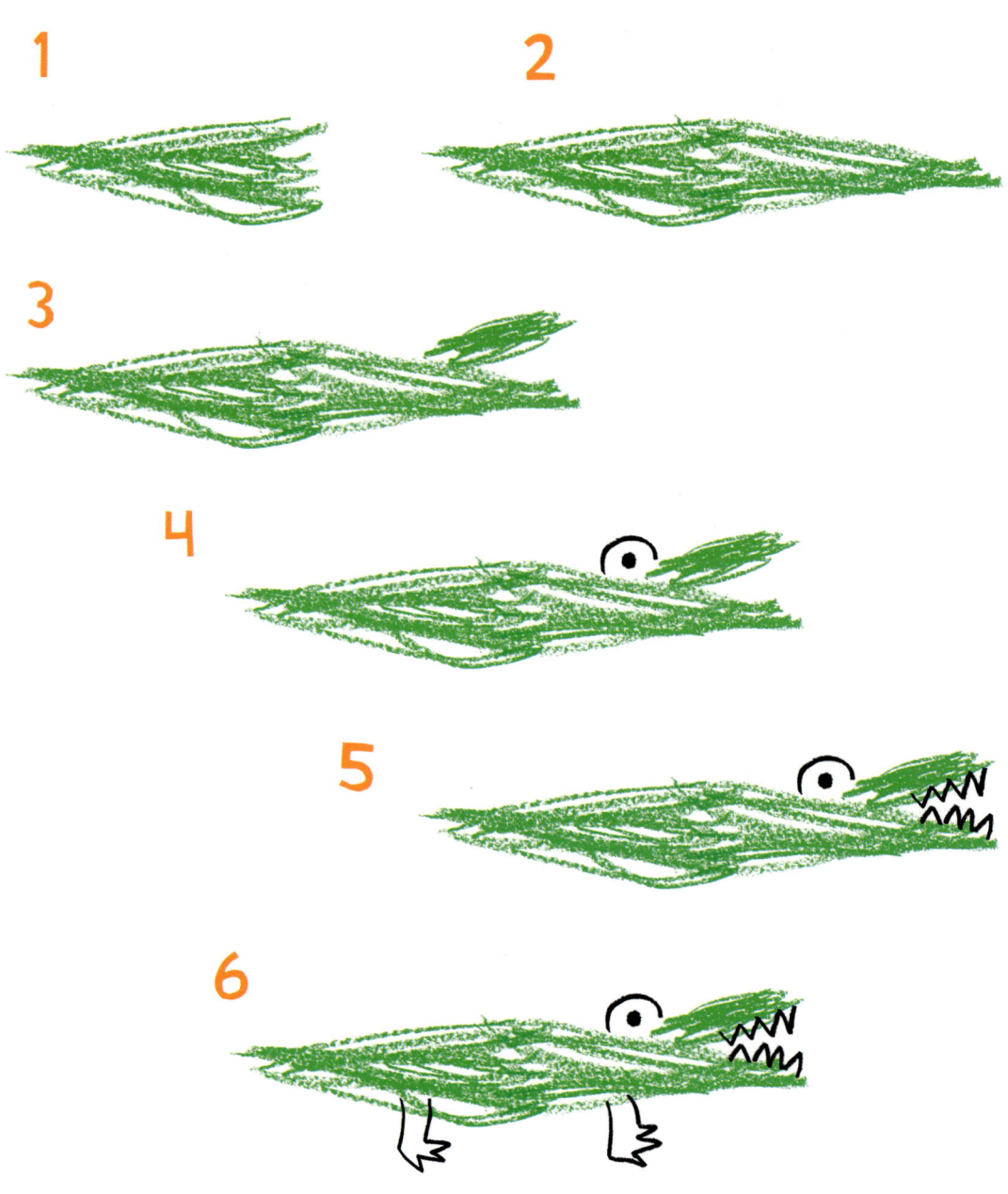

FLAMINGO

Ein Federbüschel-Gekritzel ist der Körper. Mit dem langen Hals, dem großen Schnabel und den dünnen Beinen wird daraus schnell ein Vogel.

1

2

3

4

5

PFAU

Kritzel erst einmal den grünen Schwanz. Und dann die blauen Federspitzen. Körper und Kopf kommen zuletzt. Und dann schlägt der Pfau ein Pfauenrad.

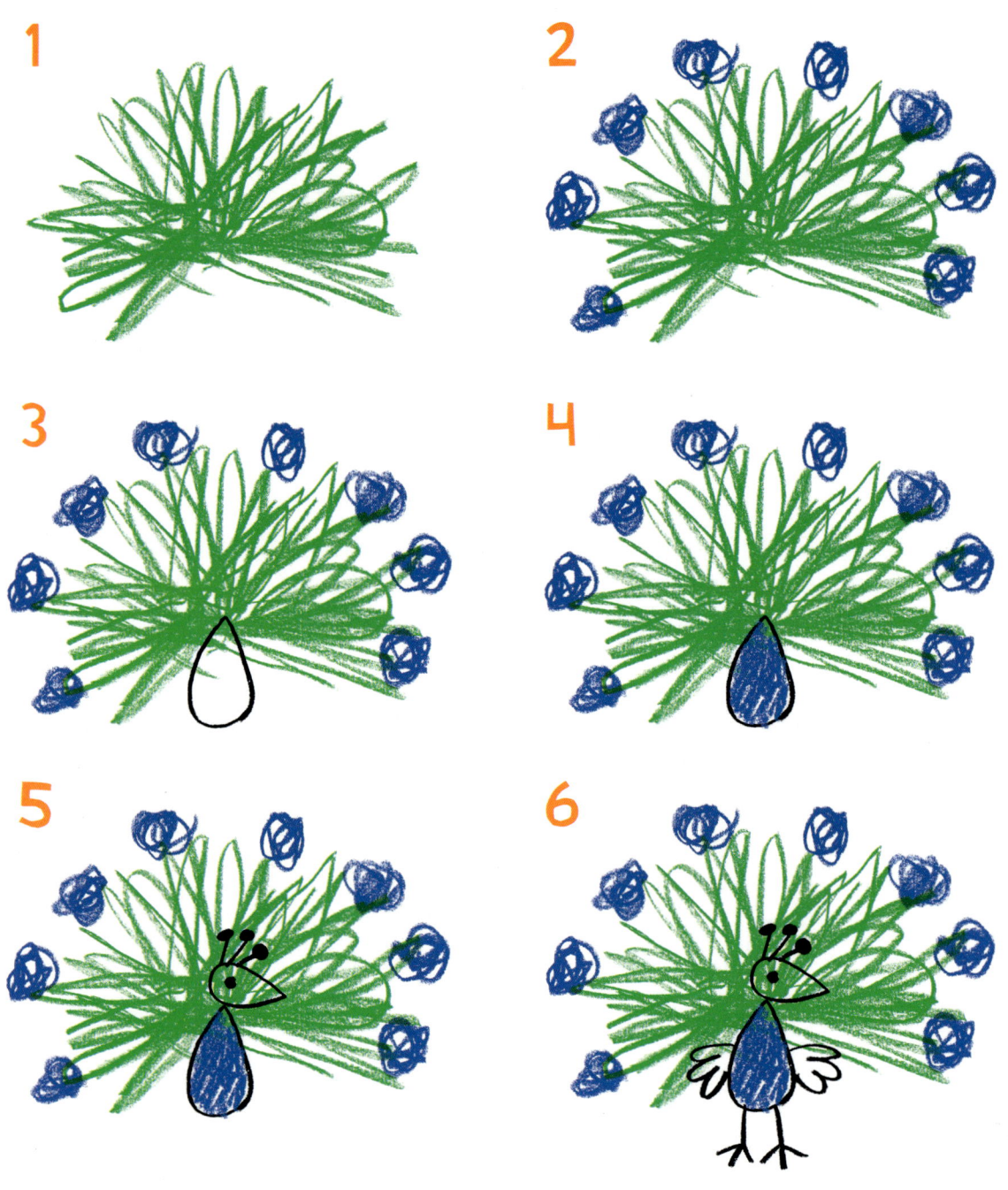

PAPAGEI

Körper, Flügel und Schwanz kannst du so bunt machen, wie du möchtest. Ein richtiger Papagei braucht auch einen runden Kopf und einen schwarz-weißen Schnabel.

1

2

3

4

5

6

STRAUSS

Lass im **Kritzelbauch** noch genug Platz für den **Flügel**.
Der **Federschwanz** ist buschig, der **Hals** strichdünn. Und
die **Beine** sind mindestens genauso lang wie der Hals.

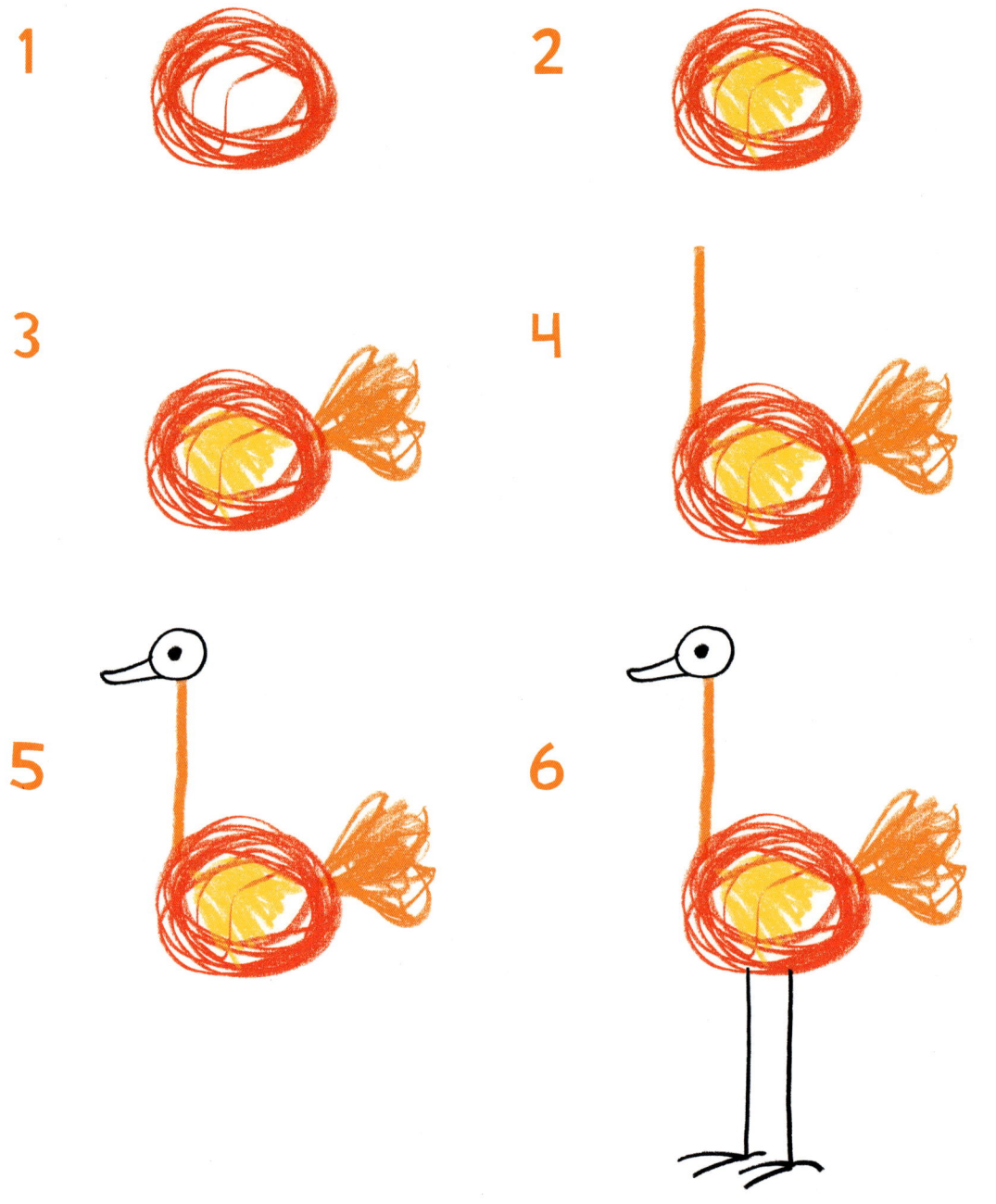

ELEFANT

Kritzel erst einmal einfach einen großen, dicken
Körper. Wenn du dann beim Ohr und beim Rüssel etwas
genauer malst, erkennt man schon den Elefanten.

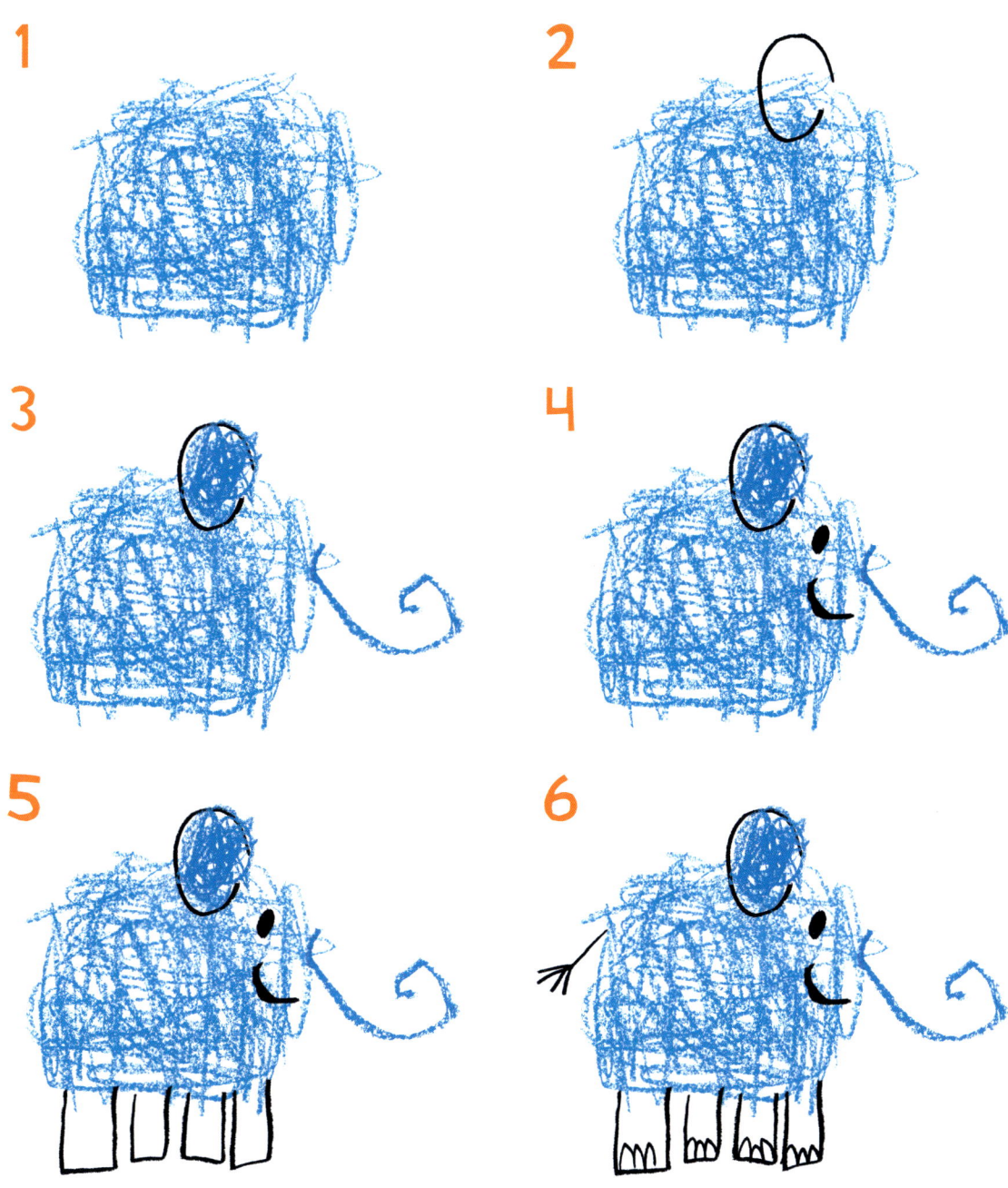

PANDA

„Leerer" Kopf und „leerer" Bauch: So fängst du an.
Dann malst du schwarze Ringe um die Augen. Arme und
Beine dürfen übrigens auch gern schwarz sein.

AFFE

Der Affe ist ein Kletterkünstler: Mit seinem langen Schwanz hält er sich an den Zweigen fest, mit seinen Händen und Füßen kann er nach den Ästen greifen.

1 2 3 4 5 6

KAMEL

Auf einen schicken Höcker legt so ein Kamel viel Wert.
Also: Erst den Höcker vorzeichnen und ausmalen.
Die Beine haben knubbelige Knie und dicke Füße.

ZEBRA

Eigentlich ist ein Zebra ja schwarz-weiß. Wir fangen trotzdem mit Gelb und Braun an. Dafür zeichnest du Kopf und Beine nur mit einem schwarzen Buntstift.

1

2

3

4

5

6

LÖWE

Kritzel erst einmal einen schönen Kreis für die Mähne.
Wenn du später das Hinterbein zuerst zeichnest, hast
du dann auch genug Platz für alle vier Beine.

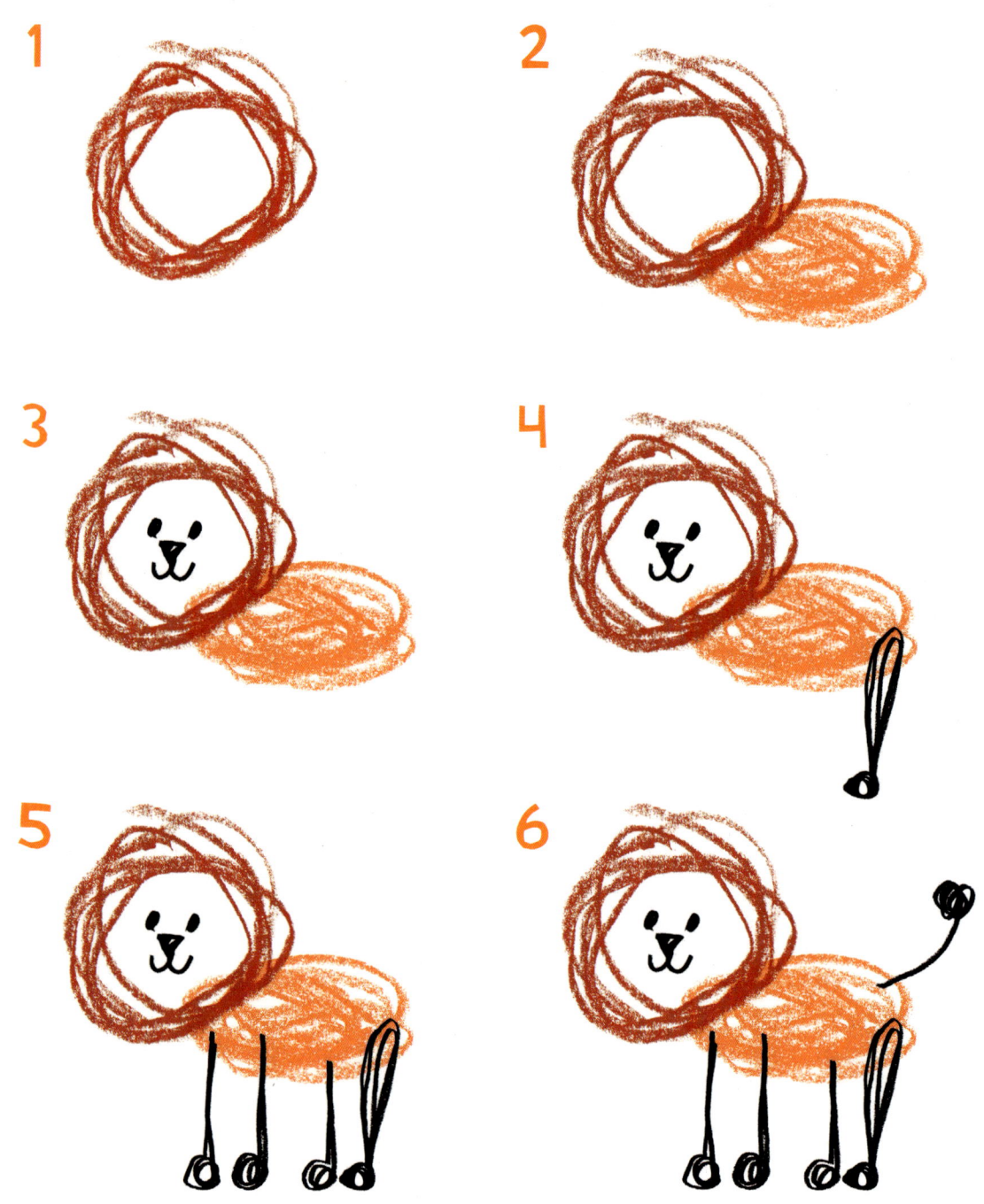

TIGER

Kritzel erst einen Kreis mit Platz fürs Tigergesicht.
Der Körper sieht fast aus wie ein Viereck. Und vergiss
auf keinen Fall die braunen Streifen am Körper.

Und jetzt du:
Kritzel die Tiere auf dieser Seite fertig!

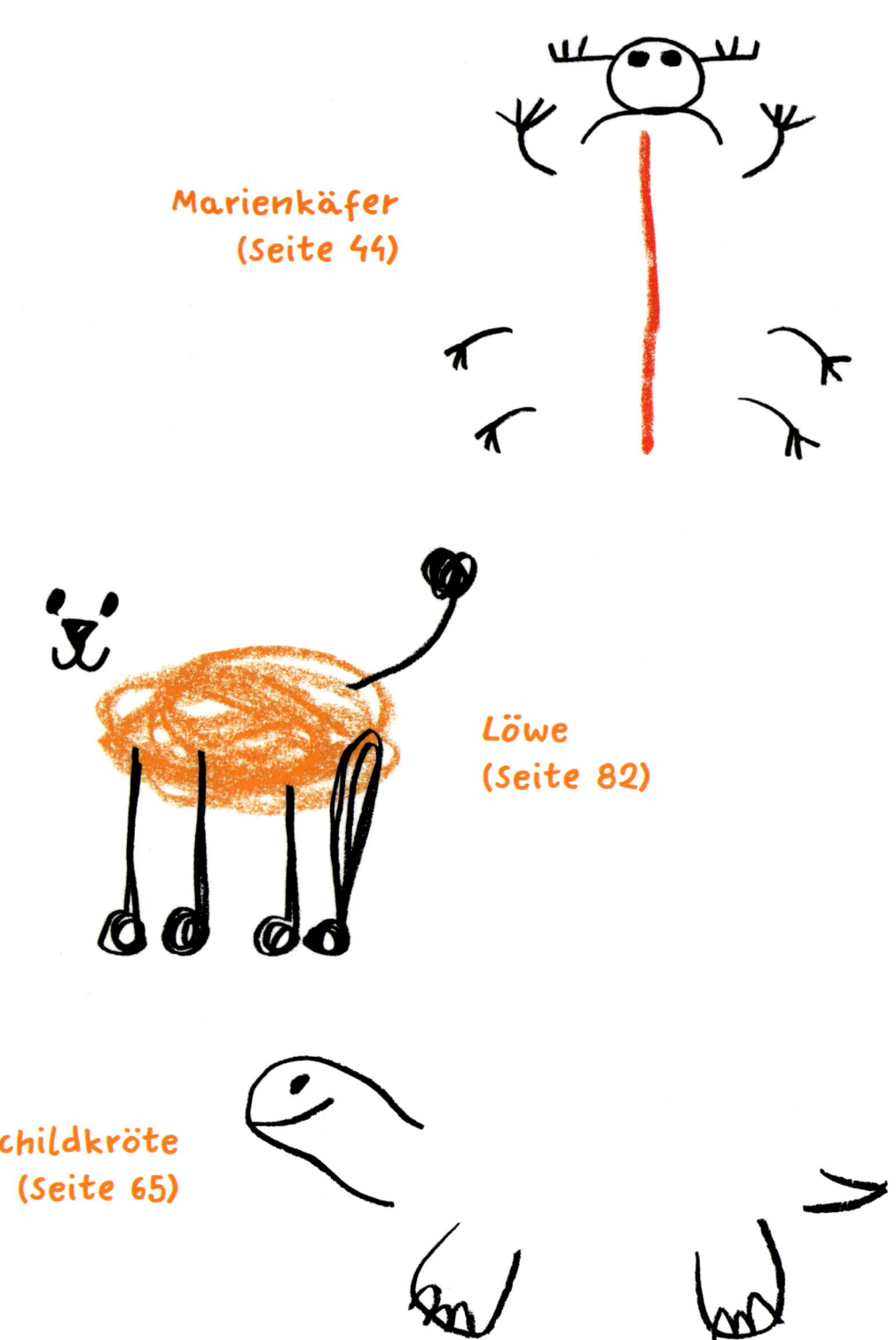

Marienkäfer
(Seite 44)

Löwe
(Seite 82)

Schildkröte
(Seite 65)

Flamingo
(Seite 73)

Eule
(Seite 57)

Schaf
(Seite 52)

Wilde Tiere kneten

Deine Tiere sollen nicht nur übers Papier springen, sondern sich auch richtig anfassen lassen? Dann ist Knete das perfekte Material. Sie ist schön geschmeidig und lässt alles mit sich machen, ist aber recht stabil. Auf den folgenden Seiten findest du 18 Ideen für die bunten Bewohner eines exotischen Wildparks. Aber natürlich kannst du nach diesem Vorbild auch Nachbars Katze oder euren Hund zum Leben erwecken.

Kugeln und bunte Würste

Beginne damit, die Knetmasse gut durchzuwalken. Nun ist sie leicht formbar. Ein kleines Päckchen Knete in der Grundfarbe reicht für eine unserer Figuren. Wenn du weitere Farben möchtest, dann verknetest du zwei Sorten so lange miteinander, bis die neue Farbe entsteht. Von den Fingerfarben [siehe Seite 12–13] weißt du ja schon, welche Mischung welche Farbe ergibt.

Alle Tiere, die du in diesem Kapitel findest, sind nach dem Schneemann-Prinzip aufgebaut: Einfache Grundformen werden eine nach der anderen aneinandergefügt. Und so modellierst du die Grundformen:

Kugel: Einen Klumpen Knete so lange zwischen den Händen rollen, bis eine Kugel entsteht. Übe dabei nur wenig Druck aus, sonst wird sie nicht gleichmäßig.

Fladen: Eine Kugel mit den Fingerspitzen oder dem Handballen flach drücken. Achtung: Der Durchmesser eines Fladens ist ungefähr drei Mal so groß wie der Durchmesser der entsprechenden Kugel.

Wurst: Eine Kugel zwischen den Händen so lange hin- und herrollen, bis sie eine Wurst ist. Je nach Figur brauchst du dünnere oder dickere Würste. Wenn die Wurst länger als eine Handbreite sein soll, rollst du am besten auf dem Tisch weiter.

Rolle: Die Enden einer Wurst auf dem Tisch aufstoßen und so abflachen. Die Wurst eventuell noch mal auf dem Tisch nachrollen, falls die Enden zu weit ausgewölbt sind.

Kegel: Mit der flachen Hand an einer Seite einer Wurst ein spitzes Ende rollen. Dann mit leicht nachlassendem Druck von der Spitze wegrollen.

Die Teile der Tiere – zum Beispiel Kopf und Körper – verbindest du anschließend mit Zahnstochern. So halten sie besser und du verbeulst sie nicht so leicht, als wenn du sie einfach andrückst.

LÖWE

Der Löwe wird auch der „König der Tiere" genannt.
Er ist die größte Raubkatze Afrikas. Löwen leben
in großen Rudeln von dreißig oder mehr Tieren.
Löwenmännchen sind größer und schwerer als die
Weibchen – und nur sie haben die typische Mähne.

1

Teile deine Knetmasse so auf,
dass du eine kleinere Kugel,
eine große Kugel (die du zu
einem Oval formst), zwei ganz
kleine Kugeln, eine längere
dünne Wurst und sechs
weitere Würste erhältst.

2

Lege zuerst die längeren
Würste über Kreuz und
das Oval darauf. Das sind
die Vorderbeine und der
Löwenkörper.
Die Hinterbeine machst du so:
Füge die mittleren Würste
seitlich an das Hinterteil des
Löwen an. Dann setzt du die
kurzen Würste darauf und
verbindest alles gut.

3

Drücke die beiden ganz kleinen gelben Kugeln flach und befestige sie an der gelben Kugel. So entsteht der Kopf mit den Ohren.

4

Für das Gesicht des Löwen rollst du kleine und klitze-kleine Kugeln aus weißer und schwarzer Knete.
Drücke die Kugeln so auf den Kopf wie auf dem Bild.

5

Jetzt befestigst du den Kopf mit einem Zahnstocher auf dem Körper. Anschließend drückst du den Schwanz ans Hinterteil des Löwen.

6

Rolle eine Menge dünner Würste aus brauner Knete. Du brauchst sie für die Mähne.

7

Zum Schluss befestigst du die „Haare" für die Mähne, eins nach dem anderen, zwischen Kopf und Rücken. Ein paar kurze Haare klebst du ans Schwanzende.

91

KROKODIL

Krokodile haben einen dicken Panzer, der sie fast unangreifbar macht. Tagsüber dösen sie träge in der Sonne, die Nacht verbringen sie im Wasser. Krokodile legen Eier. Sind die Jungen geschlüpft, umsorgt die Krokodilmama ihre Kinder rund um die Uhr.

1

Aus etwa der Hälfte der grünen Knete machst du eine dicke Wurst, die auf einer Seite rund und auf der anderen spitz ist.

2

Teile die restliche grüne Knete wieder in zwei Teile. Aus einem Teil machst du zwei gleich lange Rollen.

3

Setze die spitze Wurst (den Körper) auf die beiden Rollen. Drück die Enden der Rollen flach.

4

Die Enden der Rollen biegst du so nach vorn, dass die Beine des Krokodils deutlich zu erkennen sind. Schneide die Enden so ein, dass Zehen entstehen.

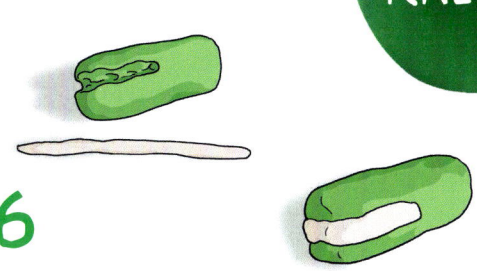

5

Für den Kopf aus der restlichen grünen Knete (Achtung: noch etwas für später übrig lassen!) eine Kugel formen. Daraus eine kurze dicke Wurst machen.

6

Für das Krokodilmaul drückst du eine Rinne rundherum ins eine Ende des Kopfes. Diese Rinne füllst du mit weißer Knete auf.

7

Mit einem Zahnstocher ritzt du die Zahnlücken in die weiße Knete.

8

Für die Augen rollst du zwei kleine Kugeln aus grüner Knete, zwei kleine aus weißer und zwei klitzekleine Kugeln aus schwarzer Knete.

9

Drücke die grünen Kugeln platt, füge alles zusammen und setze die Augen auf den Kopf.

10

Jetzt befestigst du den Kopf mit einem Zahnstocher am Körper.

11

Zum Schluss rollst du aus der restlichen grünen Knete noch eine sehr dünne Wurst. Daraus machst du die Rückenzacken.

ELEFANT

Der Afrikanische Elefant ist das größte Säugetier, das auf dem Land lebt. Erwachsene Tiere trinken bis zu 100 Liter Wasser am Tag. Das ist fast eine Badewanne voll. Sie fressen Unmengen von Gras und anderen Pflanzen und können sehr alt werden.

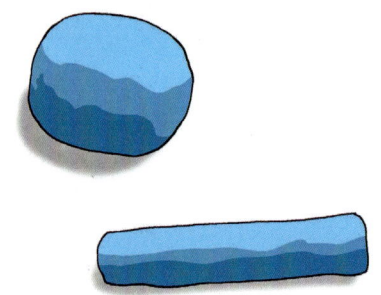

1

Forme aus der Hälfte der blauen Knete einen großen runden Klumpen. Dann rollst du aus etwas weniger als der Hälfte der übrigen Knete eine Wurst.

2

Die Wurst schneidest du in vier gleiche Teile. Forme daraus kurze Rollen mit flachen Enden.

3

Setze die vier Rollen (das sind die Beine) auf den Klumpen (das ist der Körper).

4

Teile den Rest der blauen Knete in zwei Teile. Aus einem Teil rollst du eine größere Kugel. Forme auch noch zwei kleine blaue Kugeln.

5

Aus den zwei kleinen Kugeln machst du Fladen für die Ohren.

6

Setze die beiden Fladen seitlich an die Kugel.

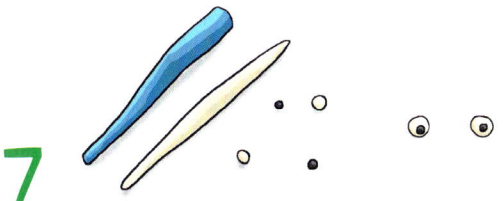

7

Aus dem Rest der blauen Knete rollst du eine blaue Rüsselwurst. Außerdem brauchst du eine weiße Stoßzahnwurst.
Für die Augen drückst du zwei weiße und zwei kleinere schwarze Kügelchen platt. Drücke sie aufeinander.

8

Befestige jetzt die Augen am Kopf. Dann drückst du die weiße Stoßzahnwurst fest auf die blaue Kugel. Nun knetest du die blaue Wurst für den Rüssel an den Kopf.

9

Zum Schluss befestigst du den Kopf mit einem Zahnstocher auf dem Körper und biegst dann den Rüssel und die Stoßzähne krumm.

GIRAFFE

Mit ihrem langen Hals ist die Giraffe das höchste Landtier der Welt. Sie lebt in der Savanne, wo sie Blätter aus den Baumkronen frisst. Giraffen können auch gut rennen. Dabei sind sie so schnell wie ein Auto in der Stadt.

1

Teile die gelbe Knete auf: Für Kopf und Körper brauchst du eine größere und eine kleinere Kugel sowie zwei ganz kleine. Zwei kürzere Rollen und eine lange Wurst brauchst du für Beine und Hals.

2

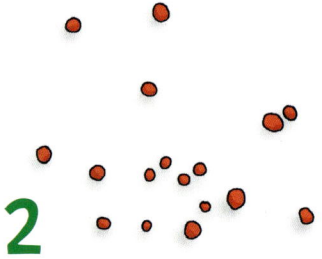

Für die Flecken auf dem Fell der Giraffe bereitest du viele kleine Kügelchen aus roter Knete vor.

3

Bedecke die Hälfte der größeren Kugel dicht mit roten Kügelchen, die du plattdrückst.

4

Die zwei kürzeren Rollen teilst du in der Mitte und formst so vier kleine Rollen mit flachen Enden.

5

Setze die vier Rollen (das sind die Beine) an die größere Kugel (das ist der Körper).

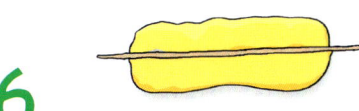

6

Drücke die gelbe Wurst flach und rolle einen Schaschlikspieß ein. Das wird der Hals. Lass an beiden Enden ein Stück vom Spieß frei, damit du Kopf und Körper daran befestigen kannst.

7

Bedecke nun auch die Halswurst dicht mit roten Kügelchen, die du plattdrückst.

8

Für die Augen drückst du zwei weiße und zwei schwarze Kügelchen flach und dann aufeinander.

9

Forme aus der übrig gebliebenen Kugel den Kopf mit einer kleinen Schnauze. Aus den gelben Kügelchen rollst du kleine Ovale für die Ohren. Dann brauchst du noch ein bisschen rote Knete für die Hörnchen. Befestige Augen, Ohren und Hörnchen am Kopf.

10

Zum Schluss setzt du Kopf, Hals und Körper zusammen.

NASHORN

Nashörner ziehen in Afrika durch die Savanne und weiden Grasflächen, Büsche und Sträucher ab. Die Nashornmännchen sind Einzelgänger. Die Weibchen leben mit ihren Jungen in kleinen Gruppen zusammen. Nashornbabys können gleich nach der Geburt laufen.

1

Teile zunächst die braune Knete auf: Für Körper und Kopf brauchst du einen größeren Klumpen und eine kleinere Kugel, die du zu einem Ei formst. Eine dicke Rolle machst du für die Beine. Behalte auch etwas braune Knete für Hörner und Ohren übrig.

2

Die dicke Rolle schneidest du in vier gleiche Teile. Forme daraus kurze Rollen mit flachen Enden.

3

Setze die vier Rollen (das sind die Beine) auf den Klumpen (das ist der Körper).

4

Forme zwei kleine spitze Kegel (für die Hörner) und zwei kleine längliche Kugeln, die du platt drückst (für die Ohren). Setze Hörner und Ohren an den eiförmigen Kopf an.

5

Für die Augen drückst du zwei weiße und zwei schwarze Kügelchen flach und dann aufeinander.

6

Bringe die Augen seitlich und nicht zu weit hinten am Kopf an.

7

Zum Schluss befestigst du den Kopf mit einem Zahnstocher auf dem Körper.

ORANG-UTAN

Orang-Utans sind Menschenaffen. Sie schwingen sich mit ihren langen Armen durch die Urwaldbäume und können auch mit den Füßen greifen. Die Weibchen ziehen ihre Jungen alleine groß. Bis sie zwei Jahre alt sind, werden diese getragen und mit Nahrung versorgt.

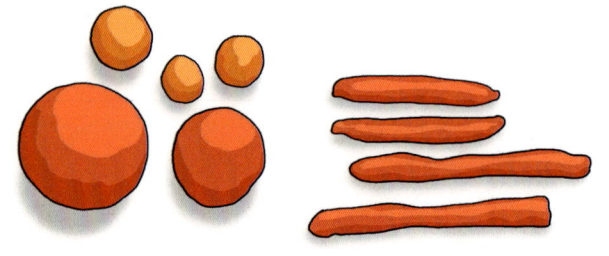

1

Bereite die wichtigsten Teile vor: eine große und eine kleinere Kugel sowie zwei längere und zwei kürzere Würste aus roter Knete. Aus orangefarbener Knete rollst du drei unterschiedlich kleine Kugeln: klein – mittel – ganz klein. Hebe etwas orangefarbene Knete für Hände und Füße auf.

2

Drücke die kleinere rote Kugel etwas flach. Die zwei größeren orangefarbenen Kugeln formst du zu Fladen.

3

Den größeren orangefarbenen Fladen knetest du auf den „Bauch" der großen roten Kugel. Mit dem mittleren orangefarbenen Fladen bedeckst du die flache Seite der kleinen roten Kugel.

4

Die kleinste orangefarbene Kugel wird das Maul: Setze sie an den Kopf an und drücke eine Rille für den Mund hinein. Aus zwei schwarzen und einem roten Kügelchen machst du Augen und Nase.

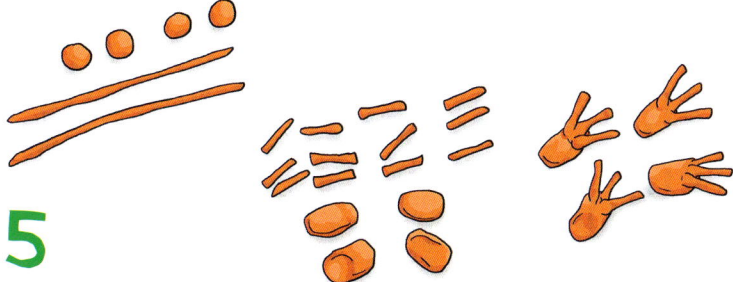

5

Forme nun vier kleine Kugeln und zwei lange dünne Würste aus orangefarbener Knete. Die Würste teilst du jeweils in sechs gleich lange Stücke. Drücke die Kugeln etwas flach und befestige je drei kleine Würste an einem Ende. Das sind die Hände und Füße des Orang-Utans.

6

Biege die kürzeren roten Rollen und flache sie an einem Ende ab. Setze den Körper auf die abgeflachten Enden.

7

Befestige nun die Füße an den Beinen. Lege die beiden Hände seitlich neben den Körper.

8

Knete die langen roten Würste oben am Körper fest und verbinde sie mit den Händen neben dem Körper.

9

Zum Schluss befestigst du den Kopf mit einem Zahnstocher auf dem Körper.

TIGER

Der Tiger ist die größte Raubkatze der Erde. Männchen und Weibchen unterscheiden sich äußerlich kaum. Tiger sind scheue, nachtaktive Einzelgänger. Junge Tiger bleiben nach der Geburt für ein paar Jahre bei ihrer Mutter, bis sie sich selbst ernähren können.

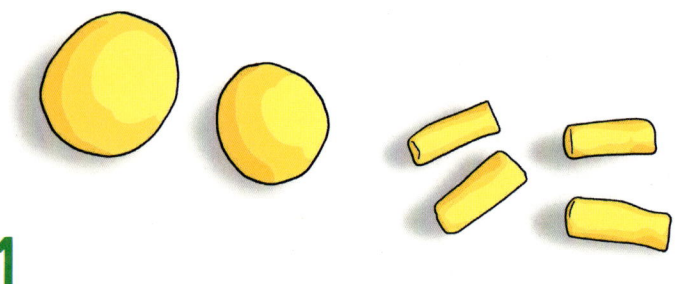

1

Forme zuerst eine größere und eine kleinere Kugel sowie vier kurze Rollen aus gelber Knete. Lass etwas gelbe Knete für Ohren und Schwanz übrig.

2

Aus der größeren Kugel formst du einen Klumpen. Das wird der Körper.

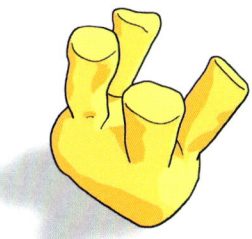

3

Setze die vier Rollen (das sind die Beine) auf den Klumpen.

4

Rolle eine Wurst aus gelber Knete. Das ist der Schwanz.

5

Bringe an der einen Seite des Körpers den Schwanz an.

6

Aus orangefarbener Knete rollst du viele sehr dünne Würste. Das werden die Streifen des Tigers: Bringe sie auf dem Rücken an.

7

Das brauchst du außer der ersten kleinen gelben Kugel für den Kopf: zwei noch kleinere gelbe Kugeln, drei kleine weiße und eine kleine rote Kugel sowie zwei klitzekleine Kugeln aus schwarzer Knete.

8

Drücke zuerst die kleinen gelben Kugeln flach und setze sie als Ohren an den Kopf. Dann drückst du die weißen Kugeln im Gesicht platt. Das ist das Maul des Tigers.

9

Jetzt drückst du noch Nase und Augen fest auf dem Kopf an.

10

Bringe Streifen aus orangefarbener Knete auf dem Kopf an.

11

Zum Schluss befestigst du den Kopf mit zwei Zahnstochern am Körper.

103

KOBRA

Die Kobra ist eine Giftschlange. Ihr starkes Gift kann einen Menschen in nur 15 Minuten töten. Aber zunächst droht sie, indem sie sich aufrichtet und den Hals zu einem Schild verbreitert, um größer zu wirken. Kobras legen rund 20 Eier an einem geschützten Platz ab, die sie bewachen, bis die Jungen geschlüpft sind.

1

Aus grüner Knete rollst du eine kürzere, etwas dickere Wurst und eine sehr lange Wurst, die an einem Ende sehr spitz zuläuft.

2

Die kürzere Wurst drückst du an einem Ende flach. Dieses Ende biegst du dann um. Das ist der Kopf.

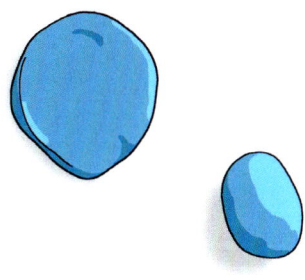

3

Stelle aus einem Klumpen blauer Knete einen Fladen her, der unten etwas spitzer zuläuft als oben.

4

Drücke die grüne Wurst (das Kopfteil) auf den blauen Fladen, sodass beide gut verbunden sind.

5

Für die Augen drückst du zwei weiße und zwei schwarze Kügelchen platt und dann aufeinander. Die Augen bringst du seitlich am Kopf an.

6

Drehe die lange grüne Wurst zu einer Spirale. Achte darauf, dass das spitze Ende außen liegt.

7

Drücke die Mitte der Spirale leicht zusammen. Dann stecke einen halben Zahnstocher in die Mitte.

8

Stecke das Kopfteil der Kobra auf die Spirale. Verknete die Stelle gut mit dem Finger, damit der Übergang von Kopf zu Körper schön aussieht.

KÄNGURU

Kängurus sind Beuteltiere. Sie kommen nur in Australien vor. Sie springen bis zu 12 m weit und werden bis zu 70 km/h schnell. Sie bekommen nur ein Junges auf einmal. Das kriecht nach der Geburt sofort in den Beutel der Mutter, wo es an den Milchdrüsen saugt und fünf bis neun Monate heranwachsen kann.

1

Nimm etwa zwei Drittel der roten Knete. Daraus formst du eine große Kugel, eine kleinere Kugel und eine richtig kleine Kugel.

2

Die große Kugel rollst du in eine längliche Form, die mittlere Kugel schneidest du in zwei Hälften und die kleine Kugel drückst du zu einem flachen Fladen.

3

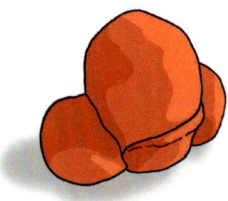

Den Fladen bringst du am großen Klumpen an. Das ist der Beutel des Kängurus. Die Halbkugeln fügst du seitlich an den Körper an.

4

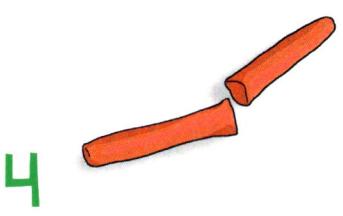

Rolle nun eine nicht zu große Wurst aus roter Knete und teile sie in der Mitte.

5

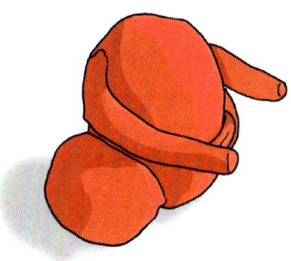

Die Teile der Wurst sind die Arme des Kängurus. Füge sie an den Körper an und verknete die Übergänge gut.

6

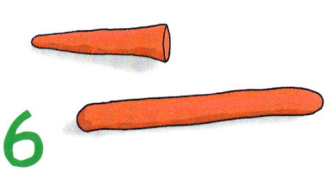

Rolle einen Kegel und eine etwas größere Wurst aus roter Knete.

7

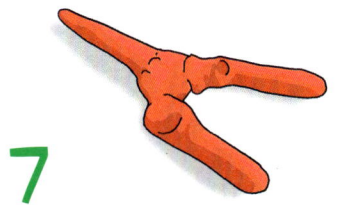

Teile die Wurst in zwei Teile, die du mit dem Kegel zu einer Art Gabel verbindest.

8

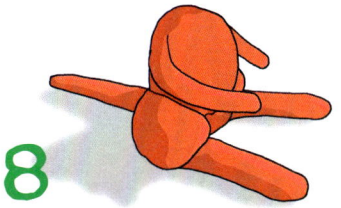

Setze den Körper auf diese Gabel und verbinde alles gut miteinander.

9

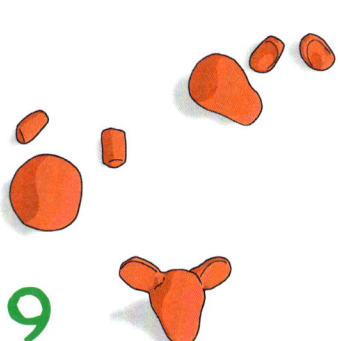

Für den Kopf formst du aus einer Kugel eine Birne. Drücke zwei kleine Rollen an den Enden platt. Das sind die Ohren.

10

Für die Augen drückst du zwei weiße Kügelchen platt. Setze zwei schwarze Kügelchen hinein und mach ein schwarzes Kügelchen für die Nase. Drücke alles am Kopf fest.

11

Im letzten Schritt befestigst du den Kopf mit einem Zahnstocher auf dem Körper.

FLEDERMAUS

In der Abenddämmerung beginnt der Tag der Fledermaus. Dann verlässt sie ihren Unterschlupf und geht auf die Jagd. Sie sieht im Dunkeln mit den Ohren: Dazu stößt sie Ultraschalltöne aus, die von Hindernissen und ihrer Beute zurückgeworfen werden. Wir Menschen können diese Töne nicht hören.

1

Walze einen Klumpen blaue Knete mit dem Nudelholz zu einer dünnen Scheibe. Schneide dann ein Rechteck aus.

2

Das Rechteck schneidest du in der Mitte schräg durch, sodass zwei gleiche Teile entstehen.

3

Drehe ein Teil um, sodass sich die beiden Teile spiegelverkehrt gegenüberliegen. Lege die Spitzen übereinander und verbinde sie, indem du sie fest zusammendrückst.

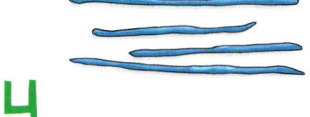

4

Rolle nun drei oder vier längere, sehr dünne Würste aus blauer Knete.

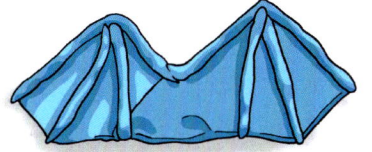

5

Die Würste legst du nun wie auf der Abbildung auf die Flügel. Drücke sie ein wenig an. Sie sind die Arme und Finger der Fledermaus.

6

Rolle nun eine mittelgroße Kugel aus blauer Knete für den Körper.

7

Drücke die Kugel vorsichtig auf dem Flügelteil fest. Alles muss dabei gut miteinander verbunden sein.

8

Für den Kopf brauchst du eine etwas kleinere Kugel und zwei kleine Ovale aus blauer Knete sowie drei klitzekleine Kugeln aus schwarzer Knete.

9

Die blauen Ovale werden die Ohren. Drücke sie an jeweils einem Ende platt.

10

Setze nun die Ohren an den Kopf und verknete die Übergänge gut. Drücke die Kügelchen für Nase und Augen so auf den Kopf wie auf dem Bild.

11

Zum Schluss befestigst du den Kopf mit einem Zahnstocher auf dem Körper.

PANDA

Der Panda wird auch Bambusbär genannt, denn er ernährt sich hauptsächlich von bestimmten Bambuspflanzen. Er ist zu einem Sinnbild für Naturschutz geworden, denn es gibt nur noch rund 1500 Tiere in freier Wildbahn. Deshalb hat man seinen Lebensraum unter Naturschutz gestellt.

1

Für Kopf und Körper des Pandas brauchst du eine große und eine kleinere Kugel aus weißer Knete.

2

Rolle nun eine etwas längere Wurst aus schwarzer Knete.

3

Setze die Wurst oben rund um die größere der beiden weißen Kugeln und drücke sie flach.

4

Rolle vier Würste aus schwarzer Knete und flache die Enden ab.

5

Drücke jeweils ein Ende der Rollen platt. Bei zwei Rollen biegst du das jeweils andere Ende nach oben: Das sind die Füße.

6

Setze den Körper auf die beiden flachen Enden der Beinrollen mit den Füßen. Knete die Arme an den Körper. Verbinde alles gut.

7

Nun brauchst du zwei größere schwarze Kügelchen für die Ohren, zwei kleine und zwei klitzekleine schwarze Kügelchen sowie zwei weiße Kügelchen für die Augen und noch eine kleine Kugel für die Nase.

8

Für die Ohren drückst du die größten schwarzen Kügelchen platt und setzt sie an den Kopf.
Für die Augen drückst du zuerst die mittelgroßen schwarzen, darauf die weißen und dann die kleinen schwarzen Kügelchen aufs Gesicht. Zum Schluss kommt die Nase.

9

Nun befestigst du den Kopf mit einem Zahnstocher auf dem Körper. Fertig!

FAULTIER

Faultiere sind gar nicht faul. Aber sie bewegen sich so langsam, dass man ihnen diesen Namen gegeben hat. Sie verbringen fast ihr ganzes Leben kopfüber hängend in den Baumkronen der tropischen Wälder. Hier sind sie halbwegs sicher vor Raubtieren und Greifvögeln.

1

Das Faultier beginnst du mit einem großen Ei und vier Würsten aus orangefarbener Knete.

2

Knete zwei Würste an einer Seite des Eis an.

3

Drücke die Enden der Würste etwas flach und biege sie über einen Bleistift oder ein Stück Holz.

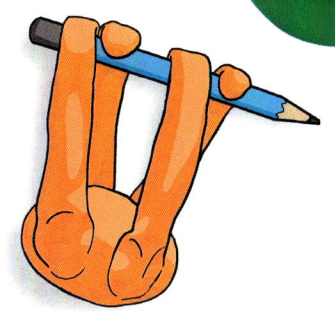

4

Wiederhole das Ganze mit den anderen beiden Würsten auf der anderen Seite des Eies.

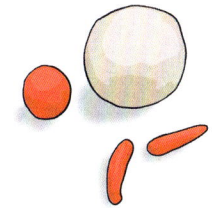

5

Für den Kopf brauchst du eine Kugel aus weißer Knete. Außerdem benötigst du noch eine kleine Kugel und zwei klitzekleine Würste aus roter Knete.

6

Drücke die kleine Kugel und die kleinen Würste aus roter Knete zu dünnen Fladen und Streifen platt.

7

Setze die Fladen so auf die weiße Kugel wie auf der Abbildung. Knete alles gut fest.

8

Für die Augen drückst du zwei weiße und zwei schwarze Kügelchen platt und dann aufeinander. Die Augen setzt du auf die roten Streifen im Gesicht. Das letzte schwarze Kügelchen ist die Nase.

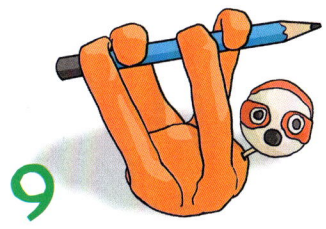

9

Zum Schluss befestigst du den Kopf mit einem Zahnstocher am Körper.

RIESENSCHILDKRÖTE

Die Riesenschildkröte auf den Seychellen ist die größte Landschildkrötenart der Erde.
Die Weibchen vergraben ihre etwa 15 Eier am Strand, wo die Sonne sie quasi ausbrütet. Sind die Jungen geschlüpft, müssen sie sich selbst ausbuddeln.

1

Für die Schildkröte brauchst du eine Kugel und ein paar lange und sehr dünne Würste aus grüner Knete.

2

Forme aus der grünen Kugel eine Halbkugel. Dazu drückst und ziehst du die Seiten der Kugel nach unten auf den Tisch.

3

Lege mit den dünnen Würsten drei Kreise um die Halbkugel und drücke sie vorsichtig an.

4

Verbinde die Kreise mit kurzen Stücken der grünen Wurst. So entsteht das Muster auf dem Schildkrötenpanzer.

5

Um Kopf und Beine zu modellieren, brauchst du eine größere und vier kleinere, aber dicke Rollen aus gelber Knete.

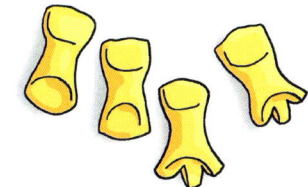

6

Die kleinen Rollen drückst du an beiden Enden flach. Dann schneidest du sie an je einem Ende zwei Mal ein, das ergibt dann an jedem Fuß drei Zehen.

7

Für die Augen brauchst du zwei kleine gelbe Kugeln, zwei noch kleinere weiße Kugeln und zwei klitzekleine schwarze Kugeln. Drücke erst die weißen und dann die schwarzen Kugeln auf den gelben Kugeln platt.

8

Kopf und Hals machst du so: Die größere Rolle knickst du an einem Ende ab (das ist der Kopf), das andere Ende biegst du in die andere Richtung und drückst es flach.
Knete nun die Augen oben an den Kopf.

9

Zum Schluss setzt du den grünen Panzer auf die Beine und den Hals. Drücke die gelben Teile dann von unten gut am Panzer fest.

EISBÄR

Eisbären leben in der Arktis. Sie frieren nicht, weil sie eine dicke Fettschicht haben und die Haare ihres Fells innen hohl sind. Dank der Schwimmhäute zwischen ihren Zehen sind sie ausgezeichnete Schwimmer. In einer Schneehöhle halten sie Winterschlaf. Dort bringen die Weibchen ihre Jungen zur Welt.

1

Den Eisbären beginnst du, indem du eine große Kugel für den Körper rollst und eine kleinere für den Kopf. Dafür brauchts du etwa zwei Drittel der weißen Knete.

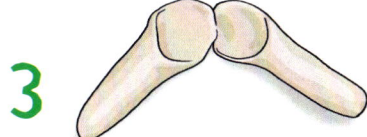

2

Aus dem Rest der weißen Knete rollst du vier gleich große Würste. Lass aber etwas weiße Knete übrig für die Ohren.

3

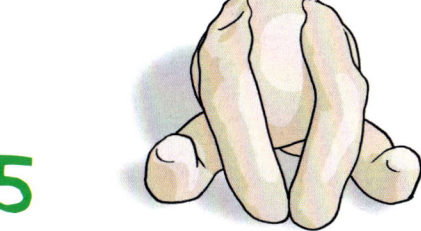

Drücke zwei der Würste an einem Ende platt und lege sie an diesen Enden zusammen. Das werden die Beine.

4

Setze nun die große Kugel (den Körper) auf die platt gedrückten Flächen der Beine. Biege die Beine an den Enden hoch. So entstehen die Füße.

5

Für die Vorderbeine befestigst du die zwei übrig gebliebenen Würste oben am Körper, sodass sie mit den Pfoten den Boden zwischen den Beinen berühren. Verknete die Ansätze der Vorderbeine gut mit dem Körper.

6

Für die Ohren rollst du zwei kleine Kugeln aus weißer Knete und drückst sie dann platt. Für die Augen und die Nase rollst du eine kleine und zwei klitzekleine Kugeln aus schwarzer Knete. Befestige nun die Ohren am Kopf und drücke Augen und Nase fest an.

7

Zum Schluss befestigst du den Kopf mit einem Zahnstocher auf dem Körper.

ROBBE

Robben sind Säugetiere, aber sie sind gut ans Leben im Wasser angepasst. Eine dicke Fettschicht wärmt sie im Meer. Ihre Beine haben sich zu Schwimmflossen umgebildet. Damit sind sie unter Wasser pfeilschnell. Hier erbeuten sie auch ihre Nahrung: Fische und Krebse.

1

Für die Robbe brauchst du erst einmal eine größere und eine kleine Kugel aus orangefarbener Knete.

2

Aus der größeren Kugel formst du durch Rollen einen Kegel mit einem runden und einem spitzen Ende.

3

Als Nächstes formst du zwei kleine und eine größere Wurst aus orangefarbener Knete.

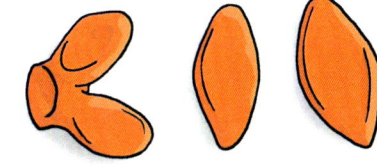

4

Die größere Wurst biegst du in der Mitte. Dann drückst du erst die Knickstelle und dann die beiden Enden platt. Das werden die Schwanzflossen. Aus den kleinen Würsten machst du längliche Fladen.

5

Drücke das spitze Ende des gebogenen Kegels in die Vertiefung am Knick der Schwanzflosse.

6

Die länglichen Fladen setzt du vorne am Körper an. Das sind die Brustflossen. So kann der Körper auch nicht umkippen.

7

Das Gesicht der Robbe machst du aus zwei klitzekleinen und einer kleinen schwarzen Kugel, zwei kleinen und zwei etwas größeren weißen Kugeln und zwei ganz dünnen schwarzen Würsten. Diese zwei Würste teilst du dann jeweils in drei Stücke.

8

Drücke die größeren weißen Kugeln (das ist das Maul) auf der orangefarbenen Kugel platt und setze auch die Augen auf. Dann fügst du die schwarze Nase und die Barthaare hinzu.

9

Zum Schluss befestigst du den Kopf mit einem Zahnstocher auf dem Körper.

KRAKE

Kraken sind Weichtiere: Sie haben kein Skelett. Ihre acht mit Saugnäpfen besetzten Fangarme gehen direkt vom Kopf ab. Wenn sie sich verstecken wollen oder wütend sind, können Sie ihre Farbe ändern: Rot heißt wütend. Ein Weibchen legt mehrere Hunderttausend Eier, die es einen Monat lang umsorgt.

1

Beginne den Kraken mit vier richtig langen Würsten und einer Kugel aus roter Knete. Die Würste sollten schön spitze Enden haben. Du brauchst für die Kugel übrigens ungefähr so viel Knete wie für zwei Würste.

2

Lege zwei Würste zu einem Kreuz übereinander. Drücke sie in der Mitte fest zusammen, sodass eine flache Mulde entsteht.

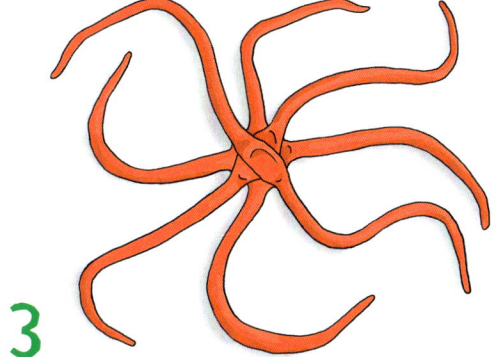

3

Lege dann auch die anderen beiden Würste über das Kreuz, sodass du einen Stern hast. Drücke die Mitte des Sterns wieder platt. Das sind die Fangarme.

4

Rolle nun die Enden der Würste zu kleinen Spiralen ein.

5

Für die Augen rollst du zwei kleine Kugeln aus weißer Knete und zwei klitzekleine Kugeln aus schwarzer Knete. Setze sie auf die rote Kugel. Das ist nun der Kopf.

6

Zum Schluss setzt du den Kopf auf die platt gedrückte Mitte der Fangarme.

HAI

Haie sind Raubfische. Im ihrem Maul sitzen Hunderte spitze Zähne, die ständig nachwachsen. Bei vielen Arten schlüpfen die Jungen schon im Körper der Mutter aus den Eiern. Sie bleiben einige Monate im Mutterbauch und kommen voll entwickelt zur Welt.

1

Du brauchst zwei etwa gleich große Kugeln aus blauer und weißer Knete.

2

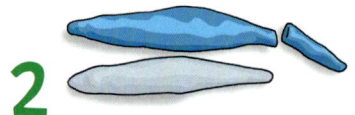

Rolle die Kugeln zu gleich großen Würsten, die an den Enden spitz zulaufen. Schneide die überflüssige Knete ab.

3

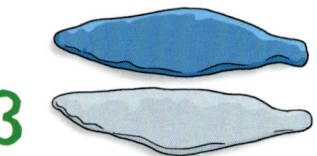

Rolle beide Würste flach (aber nicht zu flach, etwa 1cm dick) aus.

4

Lege die beiden flach gedrückten Würste aufeinander und streiche die Seiten glatt, sodass eine zweifarbige Wurst entsteht.

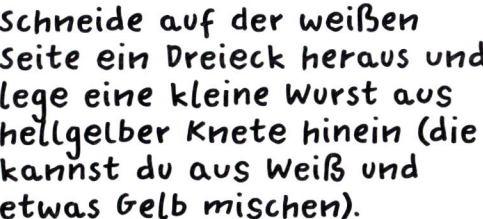

5

Schneide auf der weißen Seite ein Dreieck heraus und lege eine kleine Wurst aus hellgelber Knete hinein (die kannst du aus Weiß und etwas Gelb mischen).

6

Streich die hellgelbe Knete glatt, damit nichts übersteht. Zeichne mit einem Zahnstocher ein paar Haifischzähne.

7

Forme eine kleine Rolle aus blauer Knete und drücke sie zu einem Fladen mit spitzen Enden.

8

Verbinde den Fladen mit dem Schwanzende des Körpers.

 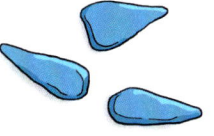

9

Rolle drei kleine spitze Kegel aus blauer Knete. Wenn du sie flach drückst, hast du drei Haifischflossen.

10

Füge die Flossen an den Haikörper an. Besonders die Rückenflosse sollte leicht gebogen und sehr spitz sein.

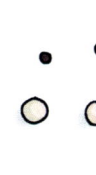 

11

Für die Augen drückst du zwei weiße und zwei schwarze Kügelchen platt und dann aufeinander. Setze die Augen anschließend seitlich am Kopfende des Hais an.

CLOWNFISCH

Clownfische tragen ihren Namen, weil ihre orange-weiße Färbung an das Gesicht eines Clowns erinnert. Clownfische kommen als Männchen zur Welt. Doch immer, wenn das einzige Weibchen einer Gruppe stirbt, ändert das stärkste Männchen innerhalb nur einer Woche sein Geschlecht und wird zum Weibchen.

1

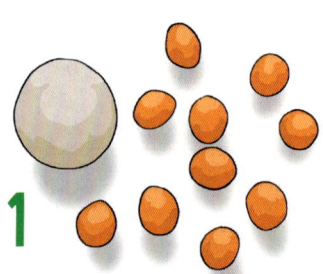

Für den Clownfisch brauchst du eine größere Kugel aus weißer Knete und zehn gleich große, kleine Kugeln aus orangefarbener Knete.

2

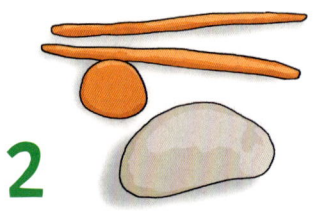

Mach aus drei der orangefarbenen Kugeln einen Fladen und zwei längere Würste. Aus der weißen Kugel formst du eine Art Brötchen mit platt gedrückter Spitze.

3

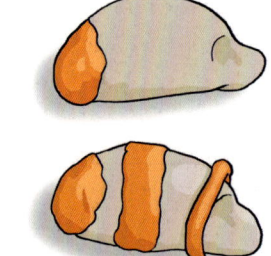

Knete den Fladen über das gerundete Ende des Brötchens. Wickle die Würste um den Körper des Fischs und drücke sie flach. Das werden die Streifen.

4

Die restlichen sieben orangefarbenen Kügeln drückst du zu kleinen Fladen.

5

Unterteile eine sehr dünne Rolle aus schwarzer Knete in sieben gleich große Stücke, die ungefähr so lang sind wie der Umfang der orangefarbenen Fladen.

6

Lege die schwarzen Würste rund um die Fladen und drücke sie fest. Knete die schwarzen Kanten noch ein bisschen nach, so entstehen die Flossen.

7

Für die Augen drückst du je zwei schwarze und weiße Kügelchen platt und dann aufeinander. Setze sie seitlich vorn am Kopf an.

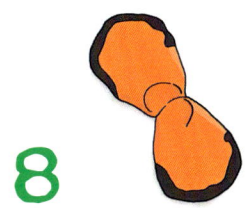

8

Verbinde zwei der sieben Flossen an den orangefarbenen Enden, sodass in der Mitte eine flache Mulde entsteht.

9

Setze den Fischkörper auf die Flossen wie in der Abbildung. Drücke die Flossen von unten gut am Fisch fest.

10

Knete nun zwei Flossen an den vorderen orangefarbenen Streifen an.

11

Füge zum Schluss noch die Schwanzflosse und die beiden Rückenflossen hinzu.

IMPRESSUM

Autor: Norbert Pautner
Produktmanagement: Meike Lembeck
Lektorat: Sigrun Borstelmann
Korrektorat: Meike Lembeck
Umschlaggestaltung: Regina Degenkolbe
Repro: LUDWIG:media
Layout und Satz: Sebastian Spies,
MXM Digital Service GmbH
Herstellung: Kathleen Baumann
Printed in Slovakia by Neografia

Sind Sie mit diesem Titel zufrieden? Dann würden wir uns über Ihre Weiterempfehlung freuen. Erzählen Sie es im Freundeskreis, berichten Sie Ihrem Buchhändler oder bewerten Sie bei Onlinekauf. Und wenn Sie Kritik, Korrekturen, Aktualisierungen haben, freuen wir uns über Ihre Nachricht an:
Christophorus Verlag,
Postfach 40 02 09, D-80702 München oder per E-Mail an lektorat@verlagshaus.de.

Unser komplettes Programm finden Sie unter

 www.christophorus-verlag.de

Herstellerverzeichnis:
Die Knetmasse für dieses Buch wurde freundlicherweise zur Verfügung gestellt von Rayher Hobby GmbH.

Die Deutsche Nationalbibliothek verzeichnet diese Publikation in der Deutschen Nationalbibliografie; detaillierte bibliografische Daten sind im Internet über http://dnb.d-nb.de abrufbar.

© 2021 Christophorus Verlag in der Christian Verlag GmbH, München
Infanteriestraße 11a
D 80797 München
Alle Rechte vorbehalten

ISBN 978-3-8411-0241-6

📞 Kreativ-Service

Sie haben Fragen zu den Büchern und Materialien? Frau Erika Noll ist für Sie da und berät Sie rund um alle Kreativthemen. Rufen Sie an! Wir interessieren uns auch für Ihre eigenen Ideen und Anregungen. Sie erreichen Frau Noll per E-Mail: **mail@kreativ-service.info** oder Tel.: **+49 (0) 5052 / 91 18 58**

Besuchen Sie uns im Internet: www.christophorus-verlag.de

Ebenfalls erhältlich ...

ISBN 978-3-8411-0211-9

ISBN 978-3-8388-3726-0

ISBN 978-3-8411-0217-1

ISBN 978-3-86230-328-1

www.christophorus-verlag.de